...ÈQUE DES SALONS

...VEAU GUIDE

POUR

SE MARIER

SUIVI D'UN

MANUEL DU PARRAIN ET DE LA MARRAINE

PAR L. C., ANCIEN NOTAIRE

PARIS

LIBRAIRIE DE JULES TARIDE

2, RUE DE MARENGO, 2

NOUVEAU GUIDE

POUR

SE MARIER

NOUVEAU GUIDE

POUR

SE MARIER

SUIVI

D'UN MANUEL DU PARRAIN ET DE LA MARRAINE

PAR

UN ANCIEN NOTAIRE

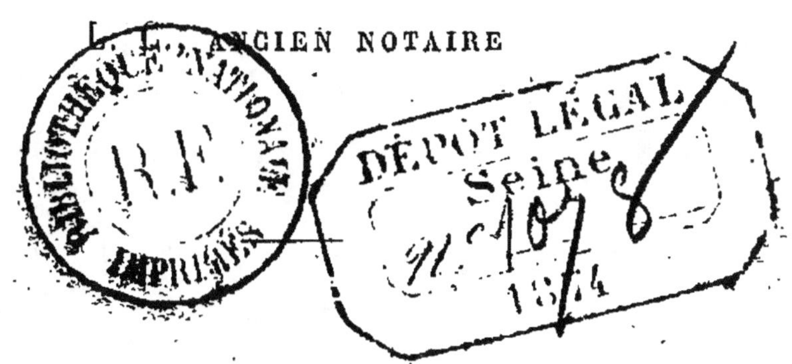

PARIS

LIBRAIRIE DE JULES TARIDE

2, RUE DE MARENGO, 2

1874

PREMIÈRE PARTIE

I

DE L'IMPORTANCE DU MARIAGE

RÉFLEXIONS GÉNÉRALES

On a dit avec raison que le mariage est l'acte le plus important de la vie ; et, en effet, du moment que, grâce à notre législation, il est indissoluble, selon le choix que l'on a fait, on est heureux ou malheureux durant sa vie entière ; bien plus, les enfants se ressentent de cette influence qui préside à leur jeunesse, et dont il ne peuvent, quelquefois, jamais se débarrasser, tellement sont vivaces chez nous les sentiments du premier âge.

Ces motifs suffisent à montrer quels soins minutieux on doit apporter dans le choix à faire, lorsqu'on a résolu de s'engager dans les liens du mariage.

Il est donc évident tout d'abord que le choix doit être fait volontairement, sans pression d'aucune sorte, et les qualités qui y détermineront seront en premier lieu la douceur, l'égalité de caractère, la probité, l'ordre et l'économie. L'esprit, l'instruction, le tact, ne sont certainement pas à dédaigner, mais ce sont des qualités d'ordre sècondaire, qui, du reste, peuvent s'acquérir après le mariage.

Il résulte de ces qualités dont nous venons de parler qu'il est précieux de trouver la femme qu'on appelle la *femme de ménage*, c'est-à-dire celle qui s'occupe de son intérieur sous tous les rapports. Par la même raison, il faut fuir à l'égal d'un fléau la femme *bel esprit*. Ce genre de femmes lit les romans, fait de la musique, vise à des connaissances générales sous le rapport de la littérature, de la poésie, des beaux-arts; toutes aiment à faire parler d'elles, tâchent de se procurer des adorateurs, et considèrent leur mari, — tout en le plaignant, — comme un être borné, idiot, qu'elles gardent à la maison par pure compassion, mais qui serait bon tout au plus à mettre à Charenton.

Malgré ces conseils, que nous croyons utile de donner, il faut bien se garder d'aller d'une extrémité à l'autre, de prendre pour épouse une femme sotte; son inhabileté l'empêche d'accomplir ses devoirs, sa gaucherie la rend ridicule, blesse notre amour-propre, et, l'amour-propre une fois blessé, il est bien difficile de revenir aux bons sentiments qu'on a eus en premier lieu.

Quant à la beauté, elle est tellement passagère qu'on ne devrait jamais s'y arrêter; d'ailleurs, la beauté est souvent compagne de la vanité. La femme laide, en général, rachète par ses qualités ses défauts de nature.

Pour les âges, il est bon qu'ils ne soient pas les mêmes; l'homme doit avoir en général huit ou dix ans de plus que la femme. L'opinion publique a toujours flétri les disproportions d'âge en sens contraire.

Quoique la fortune ne fasse pas le bonheur, elle y contribue pour beaucoup dans notre siècle; il ne faut donc pas la négliger, car les plus belles qualités finissent par se perdre dans la misère. Combien n'a-t-on pas vu de caractères charmants s'aigrir peu à peu, et en arriver, enfin, à changer totalement par suite de privations de toute sorte qu'amène la pauvreté! L'homme est sombre, triste, soucieux; la femme pleure, et regrette tout bas le passé; des querelles arrivent inévitablement, et vous n'avez plus dès lors qu'un enfer dans votre ménage.

Toutefois il faut convenir qu'on doit passer facilement sur la question de fortune, du moment que les ressources pécuniaires des futurs époux suffisent largement à satisfaire leurs besoins matériels. Malheureusement, il en est souvent autrement; on ne voit que la dot, on a trouvé un bon parti, et on ne se soucie pas des qualités indispensables au bonheur dans le mariage. Dans les classes aisées, surtout, les parents ne sont point assez sages pour veiller à l'union sortable et au bonheur futur de leurs enfants; l'égoïsme de famille et l'intérêt personnel sont principalement en jeu dans les mariages actuels; bien plus, on en est arrivé à connaître celle qui doit partager avec vous son existence tout entière, doubler vos joies et alléger vos douleurs, quelques jours à peine avant la célébration du mariage. Il est vrai que des intermédiaires officieux ont fait remettre aux deux époux du lendemain, encore inconnus l'un à l'autre, leurs photographies respectives. Aujourd'hui on s'épouse presque par procuration. De là cet ennui, ce dégoût de la vie, qui conduit à une débauche honteuse et continuelle, quelquefois au suicide les malheureux qui ne trouvent pas à leur foyer, près de la mère de leurs enfants, les consolations dues à leurs rudes travaux pour lutter contre les nécessités de l'existence.

Dans les grands centres de population, où la vie plus active, fiévreuse, laisse à peine le temps de chercher une compagne, de faire sa cour, comme on dit vulgairement, il existe une autre cause de mariages qui offrent toujours le plus triste spectacle : je veux parler des *agences matrimoniales*, vrais bureaux de placement, que des courtisans éhontés ont osé créer. On va là, on paye, et l'on sort, inscrit sur un registre pour mariage de telle ou telle sorte. L'industriel a ses agents en campagne, il connaît votre situation de fortune, votre position dans le monde, vos relations, parmi lesquelles il choisit quelques noms qu'il mettra en avant. Quant à vos antécédents, à votre moralité, peu lui importe : il saura faire valoir tout cela.

Lorsqu'il croit que l'un de ses agents a trouvé *votre*

affaire, il prépare les voies, vous prévient et fait votre entrée dans la maison. Toutes choses étant arrangées d'avance moyennant une somme de..... basée sur la fortune de l'un des contractants, il n'y a plus qu'à attendre le temps obligatoire des publications légales. Un mois après vous êtes marié. Six mois plus tard vous vous apercevez que le caractère de votre femme et le vôtre sont tellement antipathiques, que la vie du foyer est impossible; qu'il est juste d'aller au dehors chercher des distractions; votre femme délaissée se plaint, et votre maison devient de plus en plus inhabitable. Vous avez trente ans à peine, votre femme vingt-cinq; quelle perspective de bonheur pour votre vie entière!

Nous en avons assez dit pour juger superflu de nous étendre davantage sur ce sujet; nous venons de faire voir auparavant en quelques mots que l'égalité dans les caractères et l'égalité dans la fortune sont des conditions de bonheur; mais ce n'est pas tout. L'homme doit faire attention à ne pas prendre une femme plus riche que lui s'il ne veut s'exposer à être abreuvé d'humiliations. Il n'aura jamais d'autorité, il ne pourra jamais faire la moindre observation sans qu'il ait aussitôt la bouche fermée par des paroles semblables à celles-ci : *Vous ne devriez pas oublier que sans votre femme vous ne seriez rien : position, fortune, relations, c'est à moi que vous devez tout.*

Quelque dures que ces paroles puissent paraître, elles n'en sont pas moins vraies, et nous ajouterons même qu'il en a été ainsi de tout temps. Voici comment s'ex-

primait à ce propos, il y a plus de deux mille ans, un
poëte de Rome[1] :

Elle (l'épouse) ne pourrait plus chanter à chaque instant :
« J'avais plus grosse dot que tu n'avais d'argent,
« Tu dois donc me donner pourpre, bijoux, servantes,
« Coureurs, valets de pied, voitures élégantes
« Pour que je me promène. »

Au contraire, la femme qui tiendra la richesse, le
bonheur, de son mari seul, lui sera toujours soumise et
dévouée. Elle peut donc prendre un homme riche, à
condition qu'il ait les qualités propres à assurer son
bonheur; mais s'il n'en a d'autres que la fortune, elle
peut être sûre d'être malheureuse. Qu'elle ne songe jamais non plus à se choisir un vieillard pour mari; elle
pourra parfois trouver chez lui des complaisances, des
prévenances même, mais la plupart du temps les deux
époux ne pourront s'accorder faute d'avoir des goûts
semblables, sans compter les infirmités physiques qui
viennent naturellement jeter un jour sombre dans le
ménage.

Si l'homme désire contracter mariage avec une veuve,
ou réciproquement, la femme avec un homme veuf, ils
doivent apporter la plus grande circonspection dans leur
choix; assurément de semblables unions peuvent être
heureuses, mais il y a toujours à craindre la comparai-
son qu'on fait de vous avec le conjoint défunt, et de

[1] Plaute, *la Petite marmite*, acte III.

plus, les enfants issus du premier mariage ont généralement à se plaindre du nouveau personnage qui entre dans leur famille.

Qu'on nous permette de terminer ces différentes réflexions par quelques pensées empruntées à un célèbre auteur anglais[1], pensées qui gagneront, nous le croyons du moins, à être méditées par tout le monde, par le noble comme par l'ouvrier.

« Je reçus hier une lettre d'un honnête citoyen, qui, paraît-il, est dans sa lune de miel. Écrite par un homme sans façon, sur un sujet simple, on y trouve un air de bon sens et d'honnêteté naturelle qui plaira au public autant qu'à moi. Je n'hésite donc pas à l'insérer dans mon journal, destiné, d'ailleurs, à l'usage de tous, au profit du pauvre comme du riche.

« MON BRAVE MONSIEUR IRONSIDE,

« Je me suis marié, il n'y a pas longtemps, avec un très-gentil minois, tant soit peu plus jeune et plus riche que moi. On me conseilla, en conséquence, d'aller lui faire la cour dans les habits les plus somptueux, car j'ai toujours aimé à m'habiller simplement, et comme il sied à un homme de mon rang..... Le jour des noces, j'endossai, selon l'usage, un costume tout neuf avec des boutons d'argent. Je me sens si embarrassé auprès de mes voisins de me savoir si beau, que je désire ar-

[1] Addison, *Spectator*.

demment voir mes habits déjà tout usés. Je me figure
que chacun me regarde quand je marche dans la rue.
Il me tarde de reprendre ma vieille façon simple de me
vêtir. Il y a plus, on m'enferme dans une robe de
chambre en soie, on me coiffe d'une éclatante marotte,
et l'on me force par intervalles à me montrer à la fe-
nêtre. Je suis honteux d'être ainsi dorloté, et ne puis re-
garder dans un miroir sans rougir de me voir ainsi tra-
vesti en un si beau petit-maître.

« On m'assure que je devrais porter mes habits de
noce, au moins tout le premier mois ; après quoi, je
suis résolu de reprendre mes anciens vêtements ; car,
jusqu'ici, chaque jour est pour moi un dimanche.

« Selon moi, monsieur Ironside, c'est ce qu'il y a
de plus ridicule au monde. L'homme qui est nouveau et
inconnu pour une jeune personne n'a besoin de rien de
plus ; il ne doit pas chercher à s'avantager. Cette nouveauté,
— un amant, — a bien plus de charme qu'un habit de
noces. Je pense donc qu'un homme devrait garder ce qu'il
a de plus beau pour les périodes qui suivent le mariage, et ne devrait s'en parer qu'après la lune de miel.
J'ai remarqué, qu'à une fête de consécration du lord
maire, les friandises n'apparaissent que quand les con-
vives sont repus de bœuf et de mouton, et commencent
à perdre leur appétit.

« Nous faisons tout le contraire ; nous faisons servir
les bonnes choses à nos hôtes quand ils ont grand ap-

pétit, et les grosses pièces quand ils ont le ventre plein.

« Malgré mon aversion pour mon habit à boutons d'argent, et ma robe de chambre en soie, j'appréhende de les mettre de côté, car je ne sais si ma femme ne regrettera pas de s'être mariée, quand elle s'apercevra de la simplicité de l'homme qu'elle a pris pour époux... Je vous en prie, monsieur Ironside, écrivez là-dessus quelque bout d'article qui l'y prépare. Veuillez en même temps me faire savoir si vous pensez qu'elle puisse m'aimer autant avec des boutons à poil...

« J'ai l'honneur d'être, etc. »

« *P. S.* J'ai oublié de vous dire un mot de mes gants blancs; on dit que je dois les porter aussi tout le premier mois durant.

« Les remarques de notre correspondant sont très-justes, et peuvent être d'une grande utilité pour les classes inférieures ; mais pour en faire le profit de gens de rang plus élevé, je transposerai la leçon et ferai une remarque relative à *la cour* et à *l'habit de noces*, dans la façon d'agir des gens qui ont un rôle à jouer.

« Après une longue expérience du monde et de longues réflexions sur l'humanité, je trouve une cause particulière de malheur dans les mariages ; bien que très-commune, on y porte à peine attention. Voici ce que je veux dire : Au temps où l'on fait sa cour, ainsi qu'au début du mariage, chacun a une conduite qui rappelle l'habit de fête de notre correspondant. Cela ne dure que jusqu'à ce que l'on arrive à posséder l'amante: On n'a point de penchants personnels ; on se plie à son humeur ; on est du même avis qu'elle. S'il aime, s'il hait, s'il parle ou s'il pense, ce n'est jamais que comme elle ; le moindre nuage qui semble lui passer sur le front est un sujet de tristesse pour lui ; le moindre sourire d'elle le transporte. La pauvre jeune fille s'amourache tout naturellement d'une créature aussi souple, et s'attend à ce qu'il sera le même pendant le reste de ses jours.

« Bientôt elle s'aperçoit qu'il a une volonté à lui, qu'il affecte de ne pas aimer ce qu'elle approuve, et qu'au lieu de la traiter en déesse, il la traite comme la première femme venue. Pour comble de malheur, on sait que les plus grands flatteurs deviennent les plus grands tyrans.

« Naturellement ceci rend l'épouse maussade, mécontente, lui donne le spleen et des vapeurs, et cependant si elle sait s'en servir comme autant d'armes à son profit, le mariage est encore des plus gais. Aussi j'approuve la conduite de mon ami Tom True Love en cette circonstance. Tom fit la cour à une femme d'esprit et la traita toujours en ce sens pendant tout le temps que dura sa cour. Son tempérament naturel et son éducation l'empêchèrent de rien faire qui lui fût désagréable. Il mit dans sa conduite la même sincérité et la même franchise

après qu'avant son mariage. Aussi, lui disait-il souvent :
« Vous voyez, madame, quel homme je suis!.... Si vous
« voulez bien de moi avec les défauts que je puis avoir je
« vous promets de m'en corriger plutôt que d'en acquérir
« d'autres.

« Je me souviens qu'un jour Tom manifesta quelque
déplaisir à propos de quelque chose qu'avait, dit-on, fait
sa prétendue. Sur quoi elle lui demanda comment il
entendait lui parler après le mariage, si déjà il lui par-
lait sur ce ton... » Si je me suis permis cette réflexion,
madame, c'est parce que vous êtes encore libre de votre
personne; si nous étions mariés, j'aurais la générosité
de m'en abstenir. » En un mot, Tom réussit et a fait depuis
bien plus qu'il n'avait dit. La jeune dame a été trompée,
mais heureusement; car elle trouva son mari toujours
aussi galant homme que quand il lui faisait la cour. »

CÉRÉMONIAL DU MARIAGE EN FRANCE

Le cérémonial du mariage en France est le même à Paris et dans les grandes villes ; il ne varie — légèrement du reste — que dans les petites localités.

DEMANDE EN MARIAGE

Les mariages se font généralement par intermédiaires. Quand vous avez résolu de vous marier, que votre choix est définitivement arrêté, vous envoyez un ami sérieux auprès de la famille de la jeune personne ; cet ami, naturellement, parle de vous dans les meilleurs termes, s'appesantit sur vos qualités, glisse sur vos défauts, en un mot, vous montre sous le jour le plus avantageux. A la suite de cette visite — quelque temps après — l'ami vous introduit dans la famille ; le père vous interroge alors sur vos occupations, sur vos relations, sur votre fortune, etc. Cette première entrevue terminée, si le père es satisfait, il vous invite à revenir. Pendant ce temps, il prend des renseignements sur ce que vous lui avez dit, et consulte sa fille pour savoir si vous plaisez ou non. Dans les classes aristocratiques au contraire, le mariage se traite comme une affaire, et il est souvent conclu que la fille en ignore encore le premier mot ; de là, ces exemples si fréquents de mauvaises unions, de ménages intolérables, et dont la conséquence la moins funeste est la séparation de corps.

Mais le mariage dans ces classes ne nous occupe pas; revenons à notre sujet.

Cependant il peut se faire que les parents de la jeune fille ne soient pas satisfaits des réponses du jeune homme ; ils demandent du temps pour réfléchir.

Celui-ci ne doit pas insister, ni par lui-même, ni par des tiers.

PRÉSENTATION DES DEUX FUTURS

Mais lorsque la demande du jeune homme a été agréée, les parents lui indiquent le jour où il sera présenté à la jeune fille.

Il ne doit pas manquer et se présenter à l'heure indiquée, dans une toilette simple et de bon goût.

De son côté, la famille de la jeune fille aura dû choisir un jour et une heure où aucune autre visite puisse déranger l'entrevue.

Les deux jeunes gens seront mis en présence; mais on évitera de faire aucune allusion au mariage projeté.

Si vous êtes satisfait de cette entrevue, votre père, de son côté, ou, à défaut, votre parent le plus proche, vous accompagne et fait officiellement la demande en mariage. Dès lors vous êtes admis dans la maison à titre d'intime, vous commencez donc *à faire votre cour.* Votre devoir est d'être très-galant, mais très-réservé ; si votre prétendue a une sœur, partagez vos attentions entre les deux, conduisez-les au théâtre, au concert, au concert, soyez gai sans être trop expansif, soyez égal de caractère, soyez surtout naturel, et observez toujours la plus grande discrétion.

Soit que vous soyez seuls, soit que vous soyez en société, il ne faut jamais, sous aucun prétexte, vous appeler autrement que *Monsieur* et *Mademoiselle;* toute autre appellation serait de très-mauvais goût.

S'il arrive pour une raison quelconque — revers de fortune, antipathie de caractères, etc. — que vous vouliez rompre, il faut le faire avec le plus de ménagements possible ; on avoue généralement que des affaires de famille, un voyage impossible à remettre, auquel on ne s'attendait pas, vous forcent à une absence de quelque temps ; de retour chez soi, on écrit au père de la jeune fille une lettre courte et simple où on lui explique ses véritables motifs, tout en rejetant sur soi les torts ; si l'on désire écrire aussi à la jeune fille, on peut le faire, mais dans ce cas, la lettre doit être mise sous enveloppe, sans être cachetée, avec celle destinée au père, de façon qu'il puisse en prendre connaissance ; il sera juge alors de la garder ou de la faire parvenir à son adresse.

A partir de ce jour, vous éviterez avec le plus grand soin de vous présenter dans les maisons où vous pourriez rencontrer la jeune personne que vous avez recherchée ; si, parfois, la conversation venait à tomber sur son compte, vous éviterez de garder un silence outré, comme d'en faire des éloges hyperboliques.

Du jour où vous aurez été admis dans la maison de votre future, vous vous efforcerez à rendre vos visites aussi fréquentes que possible, et vous vous ferez annoncer par l'envoi d'un bouquet.

Si la personne que vous avez remarquée est une demoiselle d'un âge mûr ou une veuve qu'on désire épouser, c'est-à-dire une personne maîtresse d'elle-même, vous éviterez de vous adresser à elle; vous choisirez pour présenter votre demande soit son notaire, soit une de ses amies intimes, et vous vous abstiendrez de toute visite jusqu'à ce que vous ayez reçu réponse.

Si elle est favorable, vous enverrez un bouquet accompagné d'un billet par lequel vous demanderez à quelle heure vous pouvez être reçu.

Si la personne vous refuse, vous continuerez à lui rendre visite, seulement en vous arrangeant de façon que vous ne la rencontriez pas seule. Si vous désirez rompre tout à fait, rendez insensiblement vos visites plus rares, de façon que l'on ne puisse croire que vous avez été dépité.

Mais vous éviterez avec le plus grand soin de parler, même indirectement à cette personne de son refus : ce serait faire preuve de mauvais goût.

Il est d'usage de conserver le plus grand secret sur le

mariage jusqu'au moment du contrat, qui doit être ordinairement rédigé quelques jours avant la célébration, afin d'avoir le temps de parer aux difficultés qui pourraient se présenter, et retarder par là ou dissoudre même l'union résolue.

FORMALITÉS CIVILES

(Voy. p. 88)

CONTRAT ET CORBEILLE DE MARIAGE

Tous les frais de contrat et de célébration regardent le futur.

Le jour du contrat, le futur offre à sa fiancée ce qu'on appelle *la corbeille de mariage*. Châles, dentelles, bijoux, robes, livre d'église, anneau nuptial, gants, bagues, montre, tels sont ordinairement les présents dont elle se compose ; quelquefois même on y ajoute une bourse d'or ; mais il faut surtout se garder de l'exagération ; rester naturel en tout, comme nous l'avons déjà dit, voilà la chose principale. Ces différents présents s'envoient le plus souvent dans un meuble dont la destination est de faire partie plus tard du ménage ; on les accompagne d'un bouquet de fleurs, c'est presque chose obligée.

Le futur se présente ensuite chez sa future ; il est de bon goût alors de lui faire des reproches sur sa prodigalité, sur ses folies, etc.

Bien souvent le fiancé est fort embarrassé pour savoir

quelle somme, **il veut consacrer à la corbeille de mariage** ; voici une règle qui est à peu près sûre : en employant à cet effet une somme représentant 5 pour 100 de la dot de la future, on fait bien les choses ; en y consacrant 10 pour 100, on les fait mieux.

Ils sortent ensuite tous deux, accompagnés de leurs parents les plus proches, et se rendent chez le notaire pour entendre lecture du contrat. — Disons à ce propos que la bienséance exige du jeune homme et de la jeune fille qu'ils n'aient l'air d'y prêter qu'une médiocre attention.

Après la lecture du contrat, le futur se lève, s'incline devant sa fiancée, signe l'acte et lui présente la plume ; les deux mères signent ensuite, puis les deux pères, les parents et les amis.

Quand le notaire vient lui-même faire signer le contrat dans la maison de la future, les choses se passent exactement de même ; seulement, dans ce cas, on doit retenir le notaire à dîner.

Dans certaines maisons, on célèbre le mariage le jour de la signature du contrat ; dans ce cas, la fiancée doit y figurer avec une toilette entièrement blanche.

S'il y a soirée dansante, les deux jeunes promis ouvrent le bal, ayant pour vis-à-vis leurs deux plus proches parents.

La seconde contredanse appartient de droit au notaire.

On attache un grand honneur d'avoir le contrat signé par de hauts personnages : toutes les personnes qui signent qu contrat sont tenues de faire un cadeau à la jeune mariée.

Il est utile de faire un contrat pour assurer ses intérêts pécuniaires ; quant aux régimes, il en existe plusieurs sous lesquels la loi permet de se marier ; toutefois nous devons faire observer que la majeure partie des Français se marie sous le régime de la communauté. (*Voir* IIe partie, ch. viii et ix.)

Un mot en passant, s'il vous plaît, sur ce régime, que nous considérons assurément comme le plus moral et le plus juste.

Lorsqu'on ne fait pas de contrat, on est censé s'être marié sous le régime de la communauté ; et, comme tout le monde ne peut en faire, vu les dépenses qu'il entraîne, il était juste que la société vînt en aide aux personnes pauvres qui se marient, ce qu'elle a fait en les mettant sous la protection de la loi. Il résulte de là que la communauté peut exister et existe sans dot et sans biens précédemment acquis ; sous le régime dotal, au contraire, il y a division de biens entre le mari et la femme ; on voit donc que le régime de la communauté peut s'appeler sans exagération le *régime des pauvres gens*. Et il est le plus moral et le plus juste, comme nous venons de le dire, car, du moment que des personnes sont unies pour ne faire jusqu'à la mort qu'une seule et même existence, pour mettre en commun les joies et les peines, les plaisirs et les déceptions, pour partager les privations et les jouissances, il ne doit pas exister

place pour des dissentiments quelconques, d'intérêt ou
autres ; elles doivent avoir droit toutes deux également
à l'amour, à la sollicitude, à la tendresse des enfants ;
toute autre question s'efface forcément devant celle-là.

Qu'on vienne à considérer dans les villes les artisans,
le petit commerce, en un mot, qu'on examine ce qui
se passe à la campagne chez les laboureurs, les fermiers,
les vignerons, etc. : on verra la femme partager réellement les durs travaux de son mari ; elle paye de sa personne, *elle met la main à la pâte*, comme dit le pro-
verbe ; n'est-il pas juste que la loi la voie du même œil
que son mari et lui assure les mêmes avantages ?
L'homme est plus fort, et arrose la terre de ses sueurs ;
la femme est plus économe, elle s'occupe de l'intérieur
dans les moindres détails, soigne et élève les enfants.

Ces quelques mots doivent amplement suffire à établir
ce que nous appellerons volontiers *la sainteté* du régime
de la communauté ; que le lecteur nous pardonne donc
ce léger écart de notre sujet, nous allons le reprendre.

MARIAGE A LA MAIRIE

Nous donnons, à la seconde partie, tous les renseignements qui concernent les questions d'état civil, pièces à
produire, formalités à remplir.

Le mariage se célèbre toujours à la mairie ; néanmoins
le maire, pour honorer les personnes qu'il unit, peut
faire le mariage dans son salon particulier ; dans ce cas,

les portes de sa maison doivent être grandes ouvertes, afin que chacun puisse y assister.

Si on ne se marie pas le même jour, cette cérémonie doit être faite simplement. Le jeune homme se rend chez sa future, chez qui se trouvent les témoins que la loi exige. De là on se rend à la mairie en voiture, la mariée ouvrant toujours la marche. — Huit ou quinze jours auparavant, on a dû envoyer aux parents et amis des lettres de faire part pour leur annoncer l'union qui doit avoir lieu.

Les témoins sont au nombre de quatre, qu'on choisit généralement parmi les plus proches parents des futurs époux, ou parmi leurs amis influents ; il y en a deux pour la future, deux pour le futur.

La toilette de la mariée est indifférente ce jour-là, pourvu qu'elle ne soit ni complètement blanche, ni complètement noire.

Le fiancé doit payer les voitures, et la famille de la fiancée donne un dîner sans apparat, au futur, à son père, à sa mère et aux témoins.

Quand la jeune fille a signé l'acte à la mairie, elle passe la plume à son futur mari, qui doit la saluer en la remerciant.

MARIAGE A L'ÉGLISE

I

Lorsque les deux futurs n'habitent pas la même paroisse, les bans doivent être publiés dans leurs paroisses respectives.

Le mariage a généralement lieu à la paroisse de la future ; mais rien ne s'oppose à ce qu'il se fasse à celle du futur, si elle convient mieux pour une raison ou pour une autre.

Les bans se publient, sur la présentation d'un certificat délivré par la mairie, trois dimanches consécutifs ; deux de ces bans sont rachetables.

Une dispense de l'Église est nécessaire pour se marier pendant l'Avent ou pendant le carême ; une dispense est également nécessaire pour pouvoir épouser une proche parente, comme nièce, cousine ou belle-sœur.

Cette dispense, qui est délivrée par l'évêque, doit être demandée au curé, en déposant le prix de la taxe fixée par l'usage du diocèse.

Pour se marier à une personne qui appartient à une autre religion, il faut une autorisation spéciale émanant du pape.

Règle générale : on ne se marie jamais à l'église un vendredi.

II

Quelques jours avant le mariage, il faut remettre au curé de la paroisse où se célébrera le mariage :

1° Un billet de confession ;

2° Un certificat des publications des bans ;

3° Un extrait de son acte de baptême ou fournir un certificat de première communion.

Les mariages sont plus ou moins chers suivant une foule de causes différentes dont les principales sont : la situation de la paroisse dans un quartier riche, son importance, la décoration de l'autel, le nombreux personnel, l'endroit spécial où a lieu la célébration, dans le chœur, par exemple, etc., etc. Aussi a-t-on divisé les mariages en plusieurs classés, qu'il appartient aux époux de choisir selon leur rang, leur fortune, leurs relations : la dernière classe coûte dix francs, la première plus de deux mille francs.

On ne comprend pas dans le prix du mariage l'argent donné pour les pauvres, pour les chaises, pour les suisses et bedeaux à titre de pourboire.

III

Le futur et sa famille viennent prendre la future et les siens : le futur offre un bouquet blanc à sa fiancée.

Puis les voitures vont chercher les témoins et les invités, les amènent chez la mariée.

Tous les frais occasionnés par le mariage à l'église sont à la charge du futur. Le déjeuner, le dîner et le bal sont aux frais de la famille de la mariée.

C'est également le futur qui apporte la pièce de mariage qui est en or, en vermeil, en argent, selon la fortune des époux.

Avant de se rendre directement à l'autel, on entre dans la sacristie — les parents seulement ; — le père de la mariée tient sa fille par la main, le marié offre la main à sa mère, la mère de la mariée donne la main au père du marié ; puis derrière viennent les autres parents. Un prêtre rédige alors l'acte qui précède la célébration du mariage, et les nouveaux mariés se dirigent ensuite vers l'autel, suisse et bedeau en tête ; quant aux parents, ils marchent dans le même ordre qu'auparavant.

Arrivés devant l'autel, les mariés se mettent à genoux sur les chaises qu'on leur a réservées, le mari à droite de sa femme, et les deux familles, du côté du marié qui lui appartient, par conséquent celle du jeune homme à droite, celle de la jeune fille à gauche. Les parents seuls et les intimes ont droit de se placer dans le chœur ; pour la quête, elle est faite par une sœur des deux mariés, ou, à défaut, par une personne de la famille.

A toutes les questions que fait le prêtre, les époux doivent répondre clairement et distinctement, mais à voix basse ; puis, lorsqu'il bénit l'anneau, les mariés ôtent leurs gants ; le jeune homme en s'inclinant, le prend de la main droite au prêtre qui le lui tend, et le passe ensuite au doigt annulaire de la jeune femme.

Ordinairement ce sont les garçons d'honneur qui tiennent le poêle au-dessus de la tête des mariés.

A la fin de la messe, c'est le père du marié qui offre la main à la mariée, et le marié donne la main à sa belle-mère. On rentre à la sacristie, et là, chacun est admis à aller faire ses compliments à la nouvelle mariée. Quant tout est terminé, les époux sortent dans l'ordre ci-dessus indiqué, montent dans la première voiture avec leurs père et mère, et les invités dans les autres ; on va faire une promenade, et l'on revient terminer la journée par un repas en famille ou chez un restaurateur, repas qui est toujours suivi de

IV

Si, pour une raison quelconque, une des personnes qu'on aurait envoyé chercher en voiture, ne revenait pas avec la mariée, on doit la faire reconduire chez elle avec une des voitures de la noce.

Les personnes qui ont assisté à une messe de mariage doivent faire une visite à la famille qui leur a adressé l'invitation, dans la quinzaine qui suit la cérémonie.

Si, par une raison quelconque, on ne peut assister à la cérémonie, on doit envoyer une lettre d'excuses à la famille qui vous a adressé l'invitation ; on n'envoie de carte que si l'on désire rester étranger à cette famille.

Lorsqu'on assiste à une messe de mariage, il faut éviter de se mettre en noir ; ou alors il faut mettre quelque couleur qui prouve que l'on n'est pas en deuil.

Les quêteuses devront porter des robes de couleur claire ; si elles sont très-jeunes on pourra leur mettre des robes blanches.

Le marié doit porter des gants paille trés-clairs ; dans l'hiver, s'il a un pardessus, il le portera sur le bras gauche et ne pourra le mettre qu'après la fin de la cérémonie.

La mariée portera des gants blancs en harmonie avec toute sa toilette; son livre de messe sera blanc; dans le cas où on lui aurait fait cadeau d'un de ces charmants volumes, à reliure de peau brune, comme en édite Curmér, il devra être revêtu d'une housse en soie blanche.

Quelques jours après le mariage, on envoie des lettres de faire part ; celles du marié et celles de la mariée sont mises sous même enveloppe.

Les visites sont rendues dans les trois jours par les mariés aux personnes qui sont les plus proches parents, aux autres dans les quinze jours; les personnes qui ont été invitées à la célébration doivent, dans les quinze jours, une visite aux nouveaux mariés.

∇

Un homme veuf peut se remarier quand cela lui convient, mais il n'en est pas de même d'une veuve qui, aux termes de la loi, est tenue d'attendre dix mois ; mais selon les usages un veuf doit attendre au moins six mois, et une veuve deux ans.

Un veuf qui épouse une jeune fille suit les règles que nous avons indiquées plus haut.

Une veuve doit se marier, le matin, de bonne heure, n'ayant d'autres personnes à son mariage que ses témoins et ceux de son mari.

Elle devra porter une toilette simple, de bon goût, mais d'une couleur peu voyante ; il ne serait pas convenable qu'elle mît une robe noire.

Le mariage accompli, la nouvelle mariée offre un déjeuner aux témoins ; mais nulle autre personne ne doit y assister.

On envoie des lettres de faire part dans la quinzaine, en y joignant des cartes pour indiquer la nouvelle adresse des époux.

Une veuve qui se remarie ne fait pas de visites de noces : elle reçoit celles des personnes qui ont reçu des lettres de faire part.

Le délai de ces visites et de l'envoi de lettres de faire part et de cartes est d'un mois.

VI

Lorsqu'une demoiselle a passé trente ans, le mariage doit se faire très-simplement ; la messe doit avoir lieu de bonne heure à un autre autel que le maître-autel ou celui de la Vierge.

On ne convie que les deux familles, et les invitations ne se doivent faire que par écrit.

Nous venons d'exposer sommairement la ligne de conduite à suivre prescrite par l'usage à propos du mariage en France ; nous allons maintenant emprunter à M. Tissot (*le Mariage et le divorce*) quelques détails curieux sur le mariage chez les autres peuples.

III

LE MARIAGE CHEZ LES SAUVAGES ET CHEZ LES PEUPLES LES PLUS BARBARES

Les habitants des îles Aléoutiennes achètent leurs femmes du père et de la mère ; ils en prennent autant qu'ils en peuvent nourrir. S'ils croient avoir fait un mauvais marché, ils rendent la femme aux parents, qui sont obligés de lui rendre une portion du prix. La polygamie est admise au moins en principe pour les sauvages de l'Amérique.

Pour les naturels du Canada, le divorce est une affaire d'intérieur, dont l'autorité publique n'a pas à s'occuper. C'est, du reste, ce qui se passe généralement chez tous les sauvages en pareil cas. Un de ces Canadiens disait à un missionnaire : « Nous ne pouvions vivre ensemble, moi et ma femme ; mon voisin ne vivait pas mieux avec la sienne ; nous avons fait un troc, et nous sommes maintenant très-heureux. »

Les naturels de la Virginie usent peu du divorce, quoiqu'il soit facultatif.

Les Natchez ne changent de femmes qu'autant que celles qu'ils ont prises d'abord sont stériles. Cette retenue n'est pour eux qu'une affaire d'habitude, et nullement l'effet d'un principe.

Les Incas du Pérou pouvaient épouser leurs sœurs, et vivaient dans une polygamie illimitée. Les grands et le peuple les imitaient de leur mieux.

Dans la Louisiane, on tuait les femmes à la mort du mari, ou on les enterrait vives avec lui.

Chez les habitants des provinces du Darien et du Panama, les alliances se font très-naturellement et très-librement. Ce qui n'empêche pas que les femmes y sont traitées à peu près en esclaves par leurs maris.

Les Brésiliens ne les traitent guère mieux, et, pour comble d'impertinence, quand elles sont accouchées, ils se mettent au lit et s'en font soigner comme s'ils venaient d'accoucher eux-mêmes.

Les Mexicains recouraient au divorce comme au seul moyen propre à rendre la paix au ménage. Le consentement mutuel suffisait. Mais, ce qui indique une civilisation relativement avancée, il devait être autorisé par un tribunal qui avait pour unique attribution les questions matrimoniales. Les lois permettaient une polygamie illimitée, y encourageaient même. Et cependant la femme convaincue d'infidélité était tuée sur-le-champ, coupée en morceaux et mangée par les témoins.

Au Pérou, on pouvait épouser sa sœur ou vivre en concubinage avec elle.

Chez les Hottentots, la séparation est aussi facile pour la femme que pour le mari ; mais celui-ci peut se remarier tout de suite, au lieu que la femme est obligée d'attendre pour se remarier que son premier conjoint soit mort.

Chez les Peaux-Rouges, le mari peut renvoyer quand bon lui semble celle de ses femmes qui a encouru sa disgrâce.

Aux Moluques, la femme qui veut quitter son mari est libre de le faire à la condition de lui rendre ce qu'elle en a reçu et de lui répandre de l'eau sur les pieds.

Dans la Nouvelle-Zélande, on enlève la femme qu'on veut avoir pour épouse, même, s'il le faut, malgré la famille. La polygamie y est interdite au peuple, mais le divorce y est des plus faciles, et la femme répudiée peut se remarier. Le nombre des femmes que peuvent avoir les chefs est déterminé d'après leur dignité. Mais une seule a le rang de femme principale.

Les mêmes usages à peu près existent dans l'Australie. A Sydney, les maris vendent leurs femmes aux déportés pour un morceau de pain.

Dans l'Océanie, les naturels regardent le mariage comme un contrat temporaire qu'on peut rompre au gré des parties. Il suffit même que la vie commune déplaise à l'une d'elles pour qu'elle puisse se séparer et contracter une nouvelle alliance.

Dans les îles Marquises, la femme passe de plus pour un être impur ; elle ne peut impunément toucher à une multitude de choses à l'usage exclusif des maris et réputées saintes, sacrées.

Dans certaines îles de la mer du Sud, des sauvages engraissent leurs femmes et les mangent.

Chez les nègres de la côte d'Or, le mariage est affaire de consentement mutuel ; les parents ne refusent jamais de condescendre aux désirs de leurs enfants. Ils n'ont presque rien à recevoir et rien à donner. Si la femme doit un jour quitter le mari, elle est tenue de lui rembourser les frais de noces. Les femmes nègres sont, en général, chargées de tous les travaux pénibles du dehors et du dedans, à l'exception de la chasse et de la pêche; encore, en rapportent-elles les produits, ne laissant à leurs époux que les armes et les engins. La polygamie est restreinte par la misère. C'est une distinction d'avoir deux femmes principales, qui ne soient pas assujetties aux travaux pénibles. L'une d'elles semble être particulièrement chargée du soin de la femme adorée par le mari.

Les Hottentots courtisent à grands coups de poings celle qu'ils veulent avoir pour épouse. Quand elles sont lasses d'être battues, elles se décident à se rendre à tant d'aimables prévenances. Une veuve ne peut se remarier qu'à la condition de perdre une phalange d'un doigt.

IV

LE MARIAGE DANS L'INDE, EN CHINE, AU JAPON

§ Ier

La femme semble avoir été d'abord honorée, traitée
avec les plus grands égards, dans l'Inde antique. Elle
participait au sacerdoce, au culte, à l'enseignement religieux. Elle pouvait choisir son époux ; elle était dotée
par son père ou son frère. Une sorte de cérémonie
nuptiale appelait sur elle la bénédiction divine. L'union
était indissoluble, et la polygamie interdite ou étrangère aux mœurs. La femme stérile elle-même ne pouvait être répudiée, si elle était chaste, quoique malade,
qu'autant qu'elle le voulait bien, ou qu'après huit ans
de mariage, et au bout de onze ans si elle n'avait eu
que des filles, ou si ses enfants étaient morts. Elle
n'était pas tenue de mourir sur le bûcher de son mari ;
ni les mœurs ni les lois ne lui en faisaient un devoir.

Il était défendu de la frapper, même avec une fleur, eût-elle commis cent fautes.

Mais à toutes les époques elle fut considérée comme mineure. Elle retombait de l'autorité paternelle sous celle du frère, et de celle du mari sous celle du fils. Son mari était pour elle un maître, un seigneur, un dieu.

On comptait huit sortes de mariage. Étaient indissolubles ceux-là seuls qui avaient été consacrés par la religion. Parmi les sept autres, on distingue surtout ceux qui ont lieu par consentement mutuel et sans témoins, par vente et par enlèvement.

La polygamie était plutôt interdite par les lois que par les mœurs; plus tard elle devint aussi libre que le divorce.

L'immolation de la femme à la mort de son seigneur et maître ne fut d'abord qu'un acte de dévouement; il devint ensuite un droit, une distinction, conséquence de la prédilection dont elle avait été l'objet de la part du mari. A la fin, l'orgueil, la superstition, l'intérêt en firent un devoir. Ces sortes de sacrifices s'élevèrent encore, dans les possessions indiennes, de 1835 à 1838, au nombre de deux mille cinq cents.

Manou n'avait cependant exigé qu'une chose des veuves, qu'elles s'abstinssent d'un nouveau mariage. La théologie brahmanique alla plus loin. Cette cruelle superstition régnait aussi dans l'ancienne Thrace, chez les Grecs, chez le Gètes, où l'épouse la plus chérie était immolée sur le tombeau du mari défunt. La théologie brahmanique, par compensation, oblige le mari à faire brûler le corps de sa femme morte avant lui, et à contracter bien vite une nouvelle alliance.

Les causes de répudiation indiquées par les lois de Manou, sont : des marques funestes que pourrait porter la femme, si elle est malade d'une maladie incurable, si elle est souillée, si elle a été donnée en mariage par fraude ou par violence, etc.

Une marque à fer chaud imprimée par un brahme sur le corps de la femme est le signe de la liberté.

On a remarqué un certain nombre de ressemblances entre les lois indiennes et les lois romaines sur le divorce. Ainsi la tentative d'homicide contre le mari, l'avortement volontaire, le sacrilége, l'adultère, étaient ici et là des causes de répudiation.

En cas d'adultère, la femme perd non-seulement tous ses avantages nuptiaux, mais sa dot : tout ce qui lui appartient, toute sa fortune, sont dévolus au mari.

En cas de stérilité, le mari indien qui voudrait avoir des enfants et qui cependant tient à sa femme, peut légalement recourir à un auxiliaire déterminé par la loi. Une ressource analogue n'était pas non plus inconnue à Rome. Il est permis, du reste, de penser qu'elle ne fut jamais très-usitée nulle part, et que si le patriotisme, l'intérêt ou quelque croyance superstitieuse l'expliquent en certains cas, l'intérêt, la jalousie et la concupiscence ont dû généralement faire punir l'adultère de la femme et recourir au divorce. Les présomptions d'adultère suffisaient même pour que la femme pût être renvoyée. Si elle n'était que méchante, querelleuse, acariâtre, on mettait plus de façons à la répudier, et son sort était meilleur : on lui devait l'entretien.

Sur la côte de Malabar, une femme peut avoir jusqu'à douze maris à la fois. Ils cohabitent successivement avec elle. Celui qui est de quartier pourvoit à l'entretien et à la subsistance de la femme commune. Cette communauté n'occasionne, dit-on, aucune querelle. Le divorce y est moins sensible qu'ailleurs pour la femme, et s'exerce pour le plus léger motif. Les enfants appartiennent à la mère.

Dans le royaume d'Aracan, les futurs maris aiment si fort la besogne faite, qu'ils payent, dit-on, les hommes de bonne volonté pour défricher le terrain qu'ils se proposent de cultiver. Le roi ne partage cependant pas ce préjugé de ses sujets.

La femme indienne peut quitter son mari pour les mêmes causes que désignent les lois romaines. Devala dit à ce sujet : « Le mari peut être abandonné par sa femme, s'il est criminel, impotent, dégradé, affligé de phthisie, ou après une absence prolongée dans les contrées étrangères. » La loi romaine, en effet, n'indique pas d'autres causes : la mort civile, l'impuissance, une maladie contagieuse et l'absence. Devala dit : « Pendant huit ans, qu'une femme de la caste sacerdotale attende son mari absent, ou quatre ans si elle n'a pas d'enfants. Après ce temps, elle peut s'unir à un autre homme.

Qu'une femme de la caste militaire attende six ans. »

Dans l'Inde et à Rome, les époux séparés par le divorce pouvaient également se remarier à un autre ou s'unir entre eux une seconde fois. « Si l'épouse est vierge, quand elle se remarie pour la seconde fois, ou si, après avoir quitté son mari, elle revient auprès de lui, elle doit, dans les deux cas, renouveler la cérémonie du mariage avec l'époux qu'elle prend une seconde fois[1]. »

Le mari qui répudie sa femme sans motifs doit la reprendre si elle y consent, ou lui abandonner le tiers de sa fortune[2].

Un fait, peut-être unique dans l'Orient, c'est l'expérience comparée au double point de vue de la population et de la moralité publique, du régime de l'indissolubilité et du divorce. On nous dit qu'un jour Jûlef, roi d'Agra, dans l'Indostan, ayant appris que, dans la première année de son règne, deux mille mariages avaient été dissous, interdit le divorce. Les mariages et les naissances diminuèrent sensiblement à la suite de cette mesure. Les adultères et autres crimes analogues augmentèrent, au contraire, à tel point que, dans une seule année, trois cents hommes et soixante-cinq femmes eurent à répondre devant les tribunaux d'empoisonnement ou de mort violente exercée sur leurs conjoints. Le divorce fut rétabli. Une inscription commémorative de

[1] Manou.
[2] Digeste.

ce fait, sans doute à l'adresse des législateurs futurs, fut même placée sur la porte principale de la ville d'Agra. Elle est ainsi conçue : « Dans la première année du roi Julef, deux mille couples furent séparés par le magistrat, de leur propre consentement. L'empereur, en apprenant cela, fut si indigné, qu'il abolit le divorce. L'année suivante, le nombre des mariages à Agra diminua de trois mille ; le nombre des adultères augmenta de sept mille ; trois cents femmes furent brûlées pour avoir empoisonné leurs maris ; soixante-quinze hommes furent brûlés pour avoir tué leurs femmes, et il y eut pour trois millions de roupies de meubles brisés dans l'intérieur des bons ménages. L'empereur rétablit la loi sur le divorce. »

A Ceylan, la femme qui entre dans une maison comme épouse devient commune aux frères de son mari, et ses enfants sont regardés comme étant ceux de tous les frères, qu'ils appellent également pères. Cette communauté de la femme n'est que la conséquence extrême du principe de la communauté de tous les biens. Les époux qui ne se conviennent pas se séparent de bonne amitié. S'ils ont des enfants, le mari retient les garçons, et la femme prend les filles. Mais on ne nous dit pas ce qui arrive dans le cas où la femme, sans déplaire à l'un de ses maris, déplairait à un autre. Les Cingalais sont, du reste, si peu disposés à la jalousie, qu'ils offrent leurs femmes aux étrangers qu'ils veulent honorer ou à leurs amis. Et cependant ils punissent la prostitution des filles.

§ II

Fo-Hi, trois mille ans, dit-on, avant Jésus-Christ, avait déjà réglé l'union de l'homme et de la femme en Chine. La femme y est traitée en mineure à tous les âges. Le mari a le droit de la battre, de la vendre, de la tuer en cas d'adultère. La polygamie existe; l'épouse principale est considérée comme la mère de tous les enfants des concubines. Celles-ci peuvent être en nombre indéfini. Toutes sont achetées. Les enfants sont tenus de nourrir leurs parents.

Le divorce est réglementé; il ne peut avoir lieu que pour des causes prévues par la loi, et par suite de la sentence du magistrat. Ces causes sont au nombre de sept d'après Confucius : 1° si une femme ne peut vivre en harmonie avec son beau-père et sa belle-mère; 2° si, par une stérilité reconnue, elle est hors d'état de perpétuer sa race; 3° si elle est soupçonnée avec fondement d'avoir violé la fidélité conjugale, ou si elle a donné quelque preuve d'impudicité; 4° si, par des rapports calomnieux ou indiscrets, elle met le trouble dans la famille; 5° si elle a quelqu'une de ces infirmités pour lesquelles tout homme a naturellement de la répugnance; 6° si elle est sujette à des intempérances de langue dont il paraît difficile de la corriger; 7° si, à l'insu de son mari, elle vole secrètement dans la maison, pour quelque motif que ce soit.

La femme qui abandonne son mari en peut être corrigée, et vendue ensuite.

La veuve ne peut ni rester veuve ni se remarier sans l'agrément des parents de son mari, en la puissance et à la charge desquels elle retombe.

Les veuves de l'empereur sont enfermées, après sa mort, pour leur vie entière, dans un bâtiment appelé : le *Palais de la chasteté*, et faisant partie de la demeure impériale.

Dans le royaume de Siam, la femme répudiée reprend sa dot. Les enfants sont partagés entre leurs parents; s'il n'y en a qu'un, il appartient à la mère. S'il y en a plusieurs et en nombre impair, la mère en obtient le plus grand nombre. Le roi épouse ordinairement une parente, et, s'il le veut, sa propre sœur.

Dans le Tonkin, le mari qui renvoie sa femme lui rend non-seulement la dot qu'elle avait reçue de ses parents, mais encore les présents de noces. Il doit garder tous les enfants. Le divorce n'y est pas très-commun.

La polygamie, le divorce, une subordination servile, l'incapacité de posséder constituent le sort de la femme dans la Corée.

Il n'est pas meilleur au Japon. La femme n'y est pas dotée ; elle n'hérite pas des siens. On se marie sans se connaître, comme en Chine, par l'intermédiaire des parents. La polygamie y est établie. Le divorce y est en usage, et il peut être exercé par les deux parties, pour les motifs les plus futiles. L'infidélité de la femme y est punie du dernier supplice. Le mari a, d'ailleurs, sur elle droit de vie et de mort.

V

LE MARIAGE CHEZ LES PERSES, LES MÈDES, LES
CHALDÉENS, LES BABYLONIENS, LES PARTHES, LES
THRACES, LES ÉGYPTIENS, LES CARTHAGINOIS ET
LES NUMIDES.

La polygamie et le divorce étaient la condition ordinaire des femmes chez ces différents peuples. Du temps de Cyrus, cependant, la monogamie avait fait place à la polygamie. Les mariages entre ascendants étaient regardés avec une sorte de faveur. C'était le privilége des mages et des grands. Mais cet usage finit par être de droit commun.

Chez les Mèdes, un mari bien posé devait avoir au moins sept femmes, et une femme comme il faut ne pouvait avoir moins de cinq maris.

L'Écriture nous donne de la Chaldée une opinion si défavorable de la dissolution de ses mœurs, qu'on peut y supposer tous les genres de débordements.

La prostitution sanctifiée, devenue un acte de culte, la vente des filles, la manière de doter celles que la nature avait le moins favorablement traitées étaient, dans la Babylonie et l'Arménie, des préliminaires de l'union conjugale peu propres à lui imprimer un caractère de sainteté. Même chose en Lydie.

La polygamie régnait en Thrace; les filles de ce pays jouissaient d'une liberté entière; mais une fois achetées à titre de femmes, elles étaient sévèrement tenues.

Les prêtres de l'Égypte étaient seuls exceptés du droit d'avoir autant de femmes qu'ils en auraient pu nourrir. La prostitution y était en honneur, et les mariages entre frères et sœurs n'y emportaient aucune infamie. Le divorce y était en usage, et c'est de là, au dire de saint Jean Chrysostome, que Moïse l'aurait fait passer dans ses institutions. Mais il est probable qu'il n'y était point laissé à l'arbitraire du mari, puisque la peine de l'adultère devait être prononcée par les tribunaux.

Comme en Assyrie, en Phénicie, en Arménie, en Chypre, à Malte et dans beaucoup d'autres lieux, la prostitution avait pris à Carthage un caractère religieux; c'était une manière d'honorer la déesse de la Volupté, dont les noms seuls différaient suivant les pays.

La polygamie était reçue chez les Numides et chez les Éthiopiens.

VI

LE MARIAGE CHEZ LES JUIFS ET LES MUSULMANS

Ier

Le mariage chez les Juifs n'avait aucun caractère religieux, en ce sens que les prêtres ne s'en mêlaient pas, au moins pour en former le nœud. Si le mari, dégoûté de sa femme, prétendait faussement qu'elle n'était pas vierge quand il l'avait épousée, quoiqu'il eût eu au contraire une preuve matérielle, ordinairement conservée par la famille de l'épouse, il ne pouvait la répudier ; il était même condamné à être battu de verges et à payer cent sicles à son beau-père. Mais si l'accusation du mari était vraie, il renvoyait sa femme, qui passait pour infâme.

La polygamie était permise chez les Hébreux, comme on le voit par l'histoire de Lamech, d'Abraham, de Jacob, de David, de Salomon, etc. Elle disparut insensiblement depuis qu'il fut défendu d'épouser des étrangères.

Les enfants, en cas de polygamie, appartenaient à la femme principale.

L'adultère de la femme était puni de mort; celui du mari était impuni, à moins que le coupable ne fût surpris, comme tout autre galant possible, avec une femme mariée.

Le divorce était permis.

La répudiation, si elle pouvait avoir lieu sans motifs, ne pouvait s'opérer sans formalités. Elle devait être libellée ou par écrit : le libelle devait rendre à la femme sa liberté; cette liberté devait être exclusive de toute cohabitation avec le mari pour l'avenir, dans le cas où elle deviendrait la fiancée ou la mariée d'un autre; le libelle devait être adressé à la femme, lui être remis en présence de deux témoins mâles par le mari lui-même ou par son fondé de pouvoir.

La formule de divorce était ainsi conçu : *Femme (ou mari) fais tes affaires*, suivant qu'il s'agissait de la répudiation de la femme par le mari, ou de celle du mari par la femme. La formule latine est à peu près la même : *Reprends ce qui est à toi*, ou *fais tes affaires*. La formule rabbinique est un peu plus étendue : *Tu peux te marier avec qui tu voudras. Voilà le libelle qui nous sépare, la lettre de délaissement, l'acte de répudiation, en conséquence de quoi tu peux convoler à ton gré.*

La restitution de la dot n'était due qu'autant que

la femme n'était pas renvoyée pour cause d'adultère. Dans ce dernier cas, la répudiation était même un devoir.

Le divorce s'est conservé chez les Juifs modernes; il est resté obligatoire en certains cas. Mais l'adultère n'entraîne plus la mort de la femme; seulement elle ne peut épouser son complice.

Les rabbins d'aujourd'hui mettent au divorce le plus d'obstacles qu'il leur est possible. Dans certaines localités, on ne répudie même pas la femme devenue chrétienne. Mais si c'est le mari qui est passé au christanisme, les rabbins font tous leurs efforts pour qu'il y ait divorce; ils recourent même, s'il le faut, à la violence, et font à la femme un devoir de *fuir son époux comme un serpent, dût-elle aller jusqu'au bout du monde.*

Quant au commerce d'un homme marié avec une femme libre, les rabbins l'excusent très-facilement; loin d'y voir un adultère, ils n'y voient pas même un simple péché. Le mari qui a divorcé n'est obligé de reprendre sa femme que dans les deux cas prévus par le Deutéronome (xxii, 13 et suivants, 28 et suivants).

§ II

La loi de Mahomet autorise le divorce, comme celle de Moïse. Il y a cette différence seulement que, suivant cette dernière, un homme ne pouvait reprendre une femme qu'il avait répudiée, et qui avait été fiancée ou mariée à un autre; au lieu que Mahomet, voulant empêcher que ses sectateurs ne répudiassent leurs femmes pour de légers motifs ou par inconstance, établit que si un homme répudiait sa femme pour la troisième fois, il ne pourrait plus la reprendre, à moins qu'elle n'eût épousé un second mari. Cette précaution a eu un si bon effet, que les mahométans en viennent rarement au divorce, malgré la liberté qu'ils en ont; qu'ils regardent comme un grand mal d'en venir à cette extrémité. La femme répudiée reprend son douaire, si elle n'est pas renvoyée pour cause d'adultère ou d'insubordination notoire.

La femme n'a pas le droit de se séparer de son mari, excepté pour des causes très-graves, telles que mauvais traitements, impuissance, délaissement malicieux. Mais alors encore elle perd son douaire.

Lorsqu'une femme est répudiée, elle est obligée d'attendre qu'elle ait eu trois fois des preuves qu'elle n'est pas enceinte avant de se remarier; ou si son âge peut laisser quelques doutes là-dessus, d'attendre trois mois. Ce temps expiré, si elle n'est pas enceinte, elle peut disposer d'elle comme elle voudra; si elle est enceinte, elle doit attendre jusqu'au moment de sa délivrance.

La femme arabe qui est sans nouvelles de son mari depuis un an ou deux, ou qui n'a point de quoi vivre chez lui, demande le divorce, et la loi prescrit au cadi de le prononcer. Le divorce est très-usité chez les Kabyles; mais il est pour ainsi dire laissé aux caprices du mari. Celui qui veut divorcer dit à sa femme : *Je te quitte pour cent douros;* et la femme se retire avec cette somme chez ses parents. Si elle se remarie, elle doit rendre l'argent à son premier époux; mais si elle ne contracte pas de nouveaux liens, elle le conserve en toute propriété pour subvenir à ses besoins. Ce qui rend cette mesure nécessaire, c'est que les filles n'ont aucun droit à l'héritage de la famille, par la raison que la femme, dotée par son mari et forcée de le suivre, pourrait ainsi augmenter les ressources d'une tribu étrangère[1].

Quoique le Coran subordonne complétement la femme au mari, il en a cependant rendu la condition meilleure. Il a défendu de tuer les filles nouveau-nées, comme on le pratiquait sans scrupule avant lui; il recommande de traiter toutes les femmes qu'on peut avoir (quatre principales, et autant de concubines qu'on veut), de la même manière et convenablement.

Daumas, *Mœurs et coutumes de l'Algérie*, p. 188-189.

VII

LE MARIAGE CHEZ LES GRECS

Si l'on en croit les historiens, l'union de l'homme e
de la femme était si libre chez les premiers habitant
de la Grèce, que le mariage y était inconnu. C'es
Cécrops qui l'y aurait établi, en lui donnant un caractèr
monogamique; mais ce caractère n'existait déjà plus d
temps d'Homère. Le mariage fut, depuis, en honneu
dans toutes les républiques grecques. Le législateur d
Sparte alla jusqu'à flétrir le célibat, et même à le punir
Les lois d'Athènes, sans être aussi sévères sur ce point
témoignent du même esprit.

Mais Lycurgue, par la manière dont il voulut que l
jeunesse des deux sexes fût élevée, prit la plus sûre pré
caution pour porter au mariage. Ce moyen fut telle
ment efficace, que la corruption des mœurs en devint l
conséquence. Une sorte de promiscuité finit par s'éta
blir. On put prêter sa femme, l'échanger, la renvoye

sans qu'elle eût le même droit. Il paraît, au surplus, que les Spartiates usaient sobrement du divorce, excepté pour cause de stérilité.

A Athènes, les filles et les femmes vivaient retirées dans le gynécée[1]; celles qui appartenaient aux familles peu aisées, et qui devaient cependant former le grand nombre, vivaient en commun avec le reste de la famille, mais d'une vie intérieure encore. Les courtisanes seules avaient une vie publique; leur instruction, les agréments de leur personne, les faisaient rechercher des beaux esprits; elles tenaient les salons de leur temps. Il y en avait d'autres, et c'était la grande majorité, qui n'avaient ni cet esprit, ni cette élégance. Elles habitaient des quartiers séparés, et leur mise devait servir à les faire reconnaître. Leur profession, quoique tolérée, passait pour infâme, et était généralement laissée à des étrangères, à des captives, à des esclaves.

Le concubinage était permis, fréquent. Il constituait avec le mariage une sorte de polygamie organisée, puisque les concubines, ordinairement achetées comme esclaves, ou prises à la guerre et captives, et dont le nombre était indéfini, se trouvaient subordonnées à l'épouse, à qui la noblesse de son origine, sa dot et d'autres avantages garantissaient toujours le premier rang.

L'adultère était puni sévèrement chez la femme et chez son complice. Mais si l'homme marié était puni en pareil cas, c'était non point comme coupable d'infidélité

[1] Bâtiment spécial où les femmes vivaient en communauté.

envers sa femme, mais comme coupable envers le mari
de sa complice. La fidélité n'était pas une obligation réciproque, et la femme qui pouvait avoir à se plaindre des
légèretés de son mari n'avait pas le droit de s'en séparer.

L'adultère de la femme était, au contraire, une des
raisons du divorce. Il est à présumer, du reste, que le
divorce devint plus fréquent à mesure que les mœurs devinrent elles-mêmes plus relâchées. Un vieux juriscon-
sulte nous dit à ce sujet des paroles dont voici à peu
près le sens : « Les premiers Grecs semblent ennemis du
divorce. Leur coutume était de brûler devant la porte
de la nouvelle mariée l'essieu de la charrette sur laquelle
elle avait été amenée en la maison du mari, voulant par
là donner à entendre qu'il fallait qu'elle y demeurât bon
gré mal gré, durant la vie, sans espoir de séparation. »

D'après Diodore de Sicile, la femme qui avait quitté
son mari n'en pouvait reprendre un plus jeune. Même
défense à l'homme qui avait renvoyé sa femme.

Les maris athéniens qui renvoyaient leurs femmes devaient, excepté sans doute dans le cas d'adultère, leur
rendre leur dot, ou leur payer une somme de vingt-neuf
oboles par mois. Autrement ils pouvaient être poursuivis
par le tuteur de la femme, afin de les obliger à fournir
le nécessaire à son entretien. Si une femme abandonnait
son mari, ou si elle était chassée de sa maison, celui qui
l'avait donnée en mariage pouvait réclamer le douaire
qui lui avait été assigné.

Tout fait présumer qu'en général les femmes d'un certain rang n'osaient pas demander le divorce ; soit faiblesse ou fierté, la plupart aimaient mieux essuyer en secret de mauvais traitements que de s'y soustraire par un éclat qui aurait publié leur honte et celle de leurs époux.

Quand la femme put divorcer, elle fut tenue de délivrer de sa propre main au magistrat un acte de séparation.

Une raison remarquable de divorce en Crète était la crainte d'avoir une trop nombreuse famille.

VIII

LE MARIAGE CHEZ LES ROMAINS

A Rome, plus que partout ailleurs dans l'antiquité, la famille fut une institution politique; elle fut organisée en vue de la société ou du bien public; les membres en appartenaient à l'État plutôt qu'à la famille, plutôt qu'ils ne s'appartenaient à eux-mêmes. La femme cependant a été partout plus ou moins subordonnée à l'homme, et tenue en état de tutelle presque constant. Cette condition quasi servile s'est de plus en plus améliorée à mesure que les mœurs se sont adoucies, que la civilisation s'est développée, mais surtout depuis l'avénement du christianisme.

Sous l'empire du droit des Douze Tables à Rome, le père de famille était maître absolu des personnes et des biens de sa femme, de ses enfants et petits-enfants.

La femme n'était appelée *mère de famille* que par une sorte de déférence honorifique, car elle n'était point l'égale de son mari, en ce sens qu'elle n'avait aucune part à son autorité; le père l'avait tout entière. Il pouvait abandonner ses enfants ou les ramasser à leur naissance, les élever, les déshériter, les vendre, les tuer, renvoyer sa femme, la prêter, l'échanger, sans qu'elle pût d'abord se soustraire à son autorité. Telle était la force du lien qui lui assujettissait ses enfants, qu'à l'origine il restait propriétaire de la fille qu'il avait mariée, et qu'il avait le droit de se la faire restituer par son gendre. Il pouvait ainsi rompre à lui seul l'union qu'il avait consentie. Son droit sur un enfant mâle s'épuisait encore plus difficilement.

Le père, qui avait droit de vie et de mort sur sa fille, ne l'avait pas sur sa femme. Mais la femme, pas plus que la fille, ne pouvait posséder ni acquérir pour son compte personnel.

Sous la législation impériale, tous les biens que la femme n'avait pas apportés en dot lui restaient en propriété exclusive; le mari n'en était même administrateur que du consentement de sa femme. De là, même du temps de la république, une sorte d'indépendance et de moyen de luxe pour beaucoup de femmes mariées, indépendance qui ne fut pas sans inconvénients et que déplorait amèrement Caton.

Le régime dotal eut sa raison d'être dans les nécessités du ménage; la femme, restée maîtresse de sa fortune, contribuait aux dépenses communes. La dot fut primitivement acquise au mari; mais depuis l'introduction du divorce, elle devint sujette à restitution, et le mari dut même garantir cette promesse par un douaire ou autrement. Mais ce n'est cependant que sous l'empereur Justinien que les droits de la femme en restitution, non-seulement de dot, mais de tous ses autres biens, lui furent assurés; c'est le régime dotal constitué dans sa plénitude. (*Voir* IIe partie, ch. VIII et IX.)

Le droit de divorce n'appartint, dans le principe, qu'au mari; vers la fin de la république, il fut aussi reconnu aux femmes, qui en usèrent sans mesure. Les enfants restèrent d'abord au mari jusqu'à ce que le droit de divorcer ayant été reconnu à la femme, une loi eut décidé que les enfants resteraient à l'époux non coupable.

Le droit de divorce semble n'avoir jamais pu s'exercer impunément sans motifs, puisque, s'il était injuste ou mal fondé, la loi le punissait de la confiscation des biens. Les motifs successivement admis par les lois étaient: l'infidélité, la stérilité, une trop longue absence, l'attentat à la vie du mari, à celle des enfants nés ou à naître la contrefaçon des clefs, l'usage secret du vin, etc.

La femme accusée était jugée par un tribunal de famille composé de ses parents et du mari. Si elle était coupable d'infidélité, elle perdait la moitié de sa dot; elle la conservait en entier si la séparation n'avait été occasionnée par aucun méfait.

La séparation pouvait aussi avoir lieu par consentement mutuel. Les empereurs Auguste et Domitien voulurent en vain l'introduire dans les mœurs de leur temps. Mais par la suite on ne fut plus difficile sur les motifs.

Q. Antistius répudia sa femme parce qu'elle avait causé avec une affranchie ; P. Sempronius, la sienne, parce qu'elle avait été au spectacle à son insu; C. Sulpicius, parce qu'elle était sortie sans voile. Mécène répudia et reprit la même femme jusqu'à trois fois. Il paraîtrait que Paul Émile se dispensa d'articuler ses motifs, puisque, pour toute raison à ceux qui les lui demandaient, il jetait sa pantoufle en disant : «Vous ne savez pas où elle me blesse.»

Les empereurs déterminèrent les causes de divorce à plusieurs reprises. La formule pouvait en être adressée directement ou par le mari à la femme et par la femme au mari, ou envoyée de l'un à l'autre par l'intermédiaire d'un affranchi. *Fais tes paquets, et t'en vas*, disait le commissionnaire. On dressait cependant un acte public du divorce en présence de sept témoins, comme on avait fait pour le mariage. La femme, en demandant le divorce, rendait les clefs de la maison qu'elle avait reçues de son mari en y entrant, et retournait chez ses parents.

L'entretien des enfants était à la charge de celui qui avait motivé le divorce, s'il en avait les moyens. Celui qui, sans raison légale, l'avait provoqué, était tenu de réserver à ses enfants les gains nuptiaux.

Quand le christianisme eut acquis de l'influence sur la société civile, le divorce, quoique légal, fut moins répandu. Il différait de la répudiation en ce qu'il était la séparation par consentement mutuel, tandis que la répudiation était la séparation par la volonté d'un seul.

Le concubinat, ou l'union permise d'un homme et

d'une femme sans qu'il y eût mariage, était commnn à
Rome. Il n'avait guère lieu qu'avec des affranchies ou
des femmes de mauvais renom. Il ne conférait pas l'autorité maritale, puisqu'il pouvait se dissoudre. à la volonté de la femme elle-même. A proprement parler,
cette séparation n'était ni un divorce ni une répudiation,
puisqu'il n'y avait aucun lien à dénouer ou à rompre.
C'était une simple situation qui venait à changer. Cependant, — de même que la polygamie, — la pluralité
simultanée des concubines n'était pas permise, et les en
fants nés de cette union, sans être soumis à la puissance
paternelle, avaient pour père légal l'homme qui vivait avec
leur mère ; ils étaient à peu près dans les mêmes conditions que nos enfants naturels reconnus. Plus tard,
leur condition devint meilleure, et c'était justice, puisque le concubinage était légal. Constantin restreignit un
peu le concubinat en ordonnant d'épouser les filles qu'on
aurait eues pour concubines, et défendant, au cas de refus, de leur faire, non plus qu'aux enfants naturels, quelques avantages. Valentinien adoucit cette défense en permettant de laisser quelque chose aux enfants naturels.
Le concubinat n'était pas aboli au temps de Justinien ; il
ne fut absolument défendu que par un décret de l'empereur Léon, qui ne fut observé que dans l'empire d'O-
rient. Le concubinat continua d'être en usage chez les
Lombards, les Germains et les Francs.

Il n'a pas toujours été défendu par les lois ecclésiastiques. Il fut toléré par le concile de Tolède ; mais le

concile de Trente prononça l'excommunication contre ceux qui ne quitteraient pas immédiatement leurs concubines. Il adoucit néanmoins la rigueur des peines pour des clercs concubinaires, en les privant seulement du tiers des revenus de leurs bénéfices après un premier avertissement, et de la totalité après le second. Ils ne sont privés des bénéfices mêmes qu'après le troisième avertissement, et n'encourent l'excommunication qu'en cas de rechute.

Une concubine pouvait être élevée par mariage subséquent à la dignité de matrone ou de femme ordinaire. Les enfants qu'elles avaient eus dans la première condition purent aussi, avec le temps, par des mesures spéciales, par mariage subséquent surtout, entrer sous la puissance paternelle, et même devenir légitimes.

IX

DU MARIAGE SOUS L'INFLUENCE DES IDÉES CHRÉTIENNES

Vers le sixième siècle, par suite d'une fausse interprétation de passages obscurs de l'Écriture et des récits bibliques, le mariage en lui-même perdit de sa considération dans les esprits exaltés. La virginité perpétuelle, dont on commençait à honorer l'éclatant. modèle dans Marie, fut le sujet de louanges, d'honneurs et même d'avantages matériels bien propres à monter les imaginations simples et pieuses. Le célibat, autrefois si mal vu des Romains, fut en grand honneur ; les déserts se remplirent d'hommes voués à la solitude comme au célibat. La procréation, l'enfantement, que les Israélites regardaient comme une bénédiction de Dieu, ne furent plus qu'une espèce d'opprobre. On exigeait sévèrement des époux qu'ils s'abstinssent de tout rapport charnel le jour de leur mariage, et plus d'une jeune fille ne se mariait qu'à cette condition. Les secondes, à plus forte raison les troisièmes et les quatrièmes noces étaient traitées d'immorales, et Tertullien, par une singulière interprétation des paroles mêmes du Christ, prétend prouver que, non-seulement la femme répudiée, mais aussi la veuve qui se remarie après la mort de son mari, commet un adultère, par la raison qu'elle est et reste une même chair avec son mari défunt. De pareilles exagérations, quoique non généralement admises, eurent cependant pour effet de rendre de plus en plus sévères les statuts matrimoniaux. Le mariage, qui jusque-là s'était conclu par l'entremise des parents ou amis de la maison, fut soumis à de plus grandes solennités.

Saint Ignace trouvait déjà convenable que les fiancés eussent l'approbation de l'évêque; d'où il arriva, par la suite des temps, que la notification des mariages projetés eut lieu chez les évêques, sans la faire suivre de publications à l'église, comme cela se pratique aujourd'hui. C'est à ce moment qu'apparut la pensée de la bénédiction nuptiale, sans toutefois que la pratique en fût d'abord universelle, car tous les débuts en matière d'usage sont modestes.

Quant aux causes de séparation, elles étaient alors généralement restreintes à l'adultère; cependant l'Église n'avait pas là-dessus une discipline générale et dominante; elle n'avait que des opinions personnelles, d'un grand poids, à la vérité, mais qui, acceptées par les uns, étaient repoussées par les autres. Ces autorités souvent, n'étaient même pas d'accord avec elles-mêmes ; leurs assertions se contredisaient d'un endroit de leurs ouvrages à un autre, comme on le voit dans Origène, qui reconnaît des fautes plus graves que l'adultère, et qu'un plus grand mal serait prévenu en pareil cas par la séparation.

Augustin , parlant de l'obscurité des Écritures, ne voit qu'une erreur pardonnable, si le mari renvoie sa femme adultère et en épouse une autre.

Jérôme excuse Fabiola divorcée et remariée, à cause de sa jeunesse, parce qu'il vaut mieux, suivant l'Apôtre, se marier que de brûler, et que la loi des membres avait combattu en elle la loi de l'esprit.

Saint Basile se rapproche davantage des mœurs régnantes en permettant que dans la séparation les femmes aient moins de liberté que les hommes, que le mari abandonné par sa femme puisse en épouser une autre, sans que celle-ci soit répréhensible.

Saint Chrysostome au contraire, regarde l'adultère comme la dissolution du mariage, la femme adultère, à ses yeux, n'étant femme d'aucun mari.

X

LÉGISLATION CIVILE SUR LE MARIAGE, DEPUIS JUSTINIEN JUSQU'A NOS JOURS

§ Ier

Depuis Justinien, le divorce par consentement mutuel cessa d'être légitime en Occident. Mais il y eut d'autres variations; ainsi l'Église grecque admit et admet encore, outre l'adultère comme cause de divorce, l'impuissance, la mort civile, l'abandon de la femme par le mari qui s'absente plus de trois ans sans donner de ses nouvelles. Les Grecs latins admettent encore ces raisons, comme l'Église grecque. C'est aussi la règle des Églises protestantes.

Les Assises de Jérusalem permettent le divorce et les secondes noces pour cause de lèpre, pour impureté d'haleine et incontinence d'urine.

Les chrétiens d'Orient ont toujours admis une large faculté de divorcer.

Les Arméniens envisageaient le mariage et le divorce

comme les Grecs, et les chrétiens d'Éthiopie allaient peut-être encore plus loin.

Les anciens Moscovites divorçaient fréquemment. C'étaient les évêques qui donnaient la lettre de répudiation.

Il y avait aussi des mariages civils. Ils ne pouvaient pas être plus indissolubles que les ecclésiastiques. Ils étaient regardés avec d'autant plus de faveur, que le droit canon de cette époque ne défendait pas les mariages clandestins ou qui n'étaient pas contractés à l'église, quoiqu'il ne leur reconnût pas un caractère sacramentel. Ce n'est en effet, que depuis le concile de Trente, que les mariages clandestins ont été interdits ; auparavant ils furent tantôt défendus, tantôt tolérés, ou plutôt toujours tolérés plus ou moins.

Nul doute que le divorce ne fût interdit quand le mariage avait eu lieu à l'église ; les mariés civilement seuls pouvaient se séparer. Mais bientôt s'introduisit le principe grec qu'on pouvait divorcer, même dans le premier cas, pour cause grave.

Les lois de Jaroslaw, en punissant les grands eux-mêmes qui répudiaient leurs femmes sans motifs ou qui prenaient une seconde femme sans s'être auparavant séparés régulièrement de la première, indiquent suffisamment que le divorce était devenu abusif.

Il résulte d'un document de la fin du douzième siècle que l'époux ou l'épouse ne pouvait abandonner son conjoint, avec l'assentiment de l'Église, que lorsqu'il se retirait dans un couvent.

La formule du divorce était celle-ci : *Va par ici, moi j'irai par là.*

En 1410 encore, on se passait en Russie de la bénédiction nuptiale. Mais le mariage n'était rompu qu'autant que l'Église le déclarait non valide.

Suivant le droit hongrois, quand le mari abandonne sa femme, l'usufruit de ses biens appartient à celle-ci jusqu'à ce qu'elle se remarie ; alors elle doit abandonner ces biens aux enfants du premier mariage, à l'exception des vêtements qu'elle peut emporter dans la maison de son nouveau mari. Le mari qui a quitté sa femme ne peut, quand il revient à elle, rompre son second mariage, ni la reprendre sans la permission de l'Église.

Les Monténégrins se marient à la turque, à l'exception de la polygamie. Cependant si une femme ne donne pas d'enfant à son mari, il en prend une autre du consentement de la première, et sans renvoyer celle-ci. Le divorce est cependant permis.

Il arrivait quelquefois, en Pologne, que les mariages avaient lieu sans cérémonies religieuses à l'église ; les époux se contentaient de la simple bénédiction nuptiale par un prêtre. Mais, aux yeux de l'Église comme à ceux de la loi, le mariage n'était pas légitime. On pouvait le régulariser plus tard en le contractant devant l'Église. Cet usage, emprunté au droit saxon, fut condamné par le pape et aboli par le roi Alexandre. Depuis lors le mariage ecclésiastique fut seul légitime.

Divorce qui veut était une maxime reçue en Pologne. Mais le clergé n'était pas aussi favorable au divorce que l'usage.

Les causes de divorce en Pologne sont l'adultère, l'absence volontaire, l'impuissance, l'antipathie, la violence des parents, les mauvais traitements, ou seulement la menace bien prouvée.

L'Église y remarie à d'autres ceux qu'elle a séparés.

§ II

Suivant Tacite, les Germains n'admettaient ni divorce, ni second mariage pour là femme après la mort de son mari. Si elle était enceinte quand elle était répudiée, elle ne pouvait contracter de nouveaux liens qu'après ses couches.

Leurs descendants du moyen âge et des temps suivants pouvaient divorcer, ou par la volonté des deux parties, fondée en raison ou non, ou par la volonté d'une seule des parties, de l'homme surtout.

Les causes du divorce étaient des défauts corporels ou des crimes. Le mari pouvait demander le divorce à cause de la stérilité de sa femme; la femme, à cause de l'impuissance de son mari ou pour cause de non-cohabitation.

Les cérémonies de la dissolution du mariage correspondaient à celles de sa célébration, comme chez les Romains. Les clefs étaient redemandées à la femme, ainsi que dans nos vieilles coutumes : *Lorsqu'on ôtait les clefs à la femme, c'était le signe du divorce.* —Les divorcés prenaient une bande de lin, la coupaient en deux et en gardaient chacun une moitié. Cette formalité paraît avoir été une coutume religieuse.

La femme adultère était renvoyée avec sa quenouille et quatre *pfennigen*. Dans le Nord, il y avait séparation en règle quand le mari déclarait devant témoins qu'il abandonnait sa femme. La femme pouvait amener ces témoins devant le lit de son mari et devant la porte principale. A la troisième fois, la chose avait lieu devant la justice. Parfois le mari abandonnait sa femme sans formalités. La séparation de lit et de table paraît avoir souvent précédé la séparation proprement dite.

Les lois des Alemans permettaient le divorce au mari, moyennant une composition ou indemnité de quarante sous, si le mariage n'avait pas été solennel, et si le mari, avec un certain nombre de témoins affirmait sous serment qu'il ne quittait sa femme que par amour pour une autre, et sans qu'il eût reconnu en elle aucun vice.

§ III

Chez les Burgondes, l'adultère, la violation des sépultures, la magie, étaient les trois seules causes de divorce, quand il n'avait pas lieu par consentement mutuel. Si le mari répudiait sa femme sans cause légitime, il était obligé de lui abandonner son douaire, ou même de lui en payer le double. La femme ne pouvait quitter son mari qu'avec son consentement.

Gondebaud, roi des Bourguignons, refuse le divorce à la femme et le permet au mari pour des causes qu'il détermine.

On retrouve des dispositions analogues chez les Goths : Un édit de Théodoric confirme les lois de Constantin sur les causes du divorce; deux de ces causes sont pour la femme : un mari sorcier ou violateur des sépultures. la femme coupable d'adultère, de sorcellerie, de maque-rellage, pouvait être renvoyée. Avant cette législation, les causes de divorce parmi les Ostrogoths étaient indé-terminées et beaucoup plus nombreuses.

Les lois d'Euric Ier, roi des Visigoths, antérieures de quarante ans à celles de Théodoric (460-500), sont moins favorables au divorce, puisque le conjoint répudié ne pouvait se remarier. La femme ne pouvait être ren-voyée que pour cause de fornication. Ces lois passèrent en 1270 dans le recueil d'Alphonse X, où les décrets pontificaux deviennent lois civiles.

Les Lombards ne permettaient le divorce (avec fa-culté de convol) que pour cause d'adultère.

En Bretagne, jusqu'au temps de Théodose le Jeune, la question du divorce fut réglée par les lois impé-riales.

Les Angles ou Anglais n'eurent au moyen âge, depuis leur conversion au christianisme par le moine Augustin, que la jurisprudence pontificale pour règle relativement à la dissolution du mariage.

Les Irlandais, au contraire, admettaient le divorce,

et cet usage s'est maintenu, surtout dans les parties de l'île les plus sauvages, jusqu'à nos jours.

En Écosse et en Angleterre, le vieux droit permettait la séparation pour des vices corporels, mais on doute si le mariage était par là dissous.

§ IV

En 1594, les Hollandais voulurent, sous peine de nullité, que le mariage fût contracté civilement; ce qui ne les empêchait pas, quand ils le voulaient, de se marier ecclésiastiquement, sans toutefois faire dépendre la validité du mariage civil de cette cérémonie religieuse.

Le droit belge et le hollandais admettaient deux causes de dissolution : l'adultère et l'abandon volontaire. Mais le mariage ne pouvait être dissous que par sentence judiciaire. La demande en était prescrite au bout de cinq ans; elle n'était pas admise s'il y avait eu réconciliation.

Les jurisconsultes étaient partagés sur la question de savoir si l'époux coupable, et qui avait été cause de la dissolution du mariage, devait avoir aussi la faculté de passer à de secondes noces. L'opinion la plus favorable était qu'il ne pouvait le faire qu'après la mort ou le second mariage de son conjoint. Jusque-là une réconciliation était regardée comme possible. Mais, en aucun cas, il ne pouvait épouser son complice. Cette défense ne date cependant que du dix-septième siècle.

Quoique le refus constant du devoir conjugal soit justement assimilé à l'absence volontaire, la jurisprudence de la Gueldre n'y voyait cependant pas un motif de dissolution ; elle n'autorisait en ce cas que la séparation.

La loi ne statuait rien pour le cas de condamnation à perpétuité de l'un des conjoints. La question fut portée devant les tribunaux en 1793, et jugée dans le sens affirmatif, ou du convol, par la cour suprême

§ V

Le divorce par consentement mutuel avait lieu chez les Francs, suivant une ancienne coutume. On ne demandait pas d'autre cause sous Clovis et Dagobert (650). La faculté de passer à de secondes noces du vivant du premier conjoint ne paraît pas douteuse, suivant Bignon.

Les Capitulaires de Charlemagne prouvent que le divorce fut pratiqué en France jusqu'au temps de Louis le Débonnaire[1]. Les lois carolingiennes acceptèrent sur le divorce, comme sur d'autres points, les décisions pontificales ; il n'y eut d'exception, si même c'en est une, que pour le cas d'impuissance du mari ; la femme pouvait alors le répudier et contracter un autre mariage.

[1] On cite bien d'autres divorces opérés du consentement ou par ordre de l'Église : c'est celui de Théodebert, en 535 ; de Chilpéric, en 564 ; de Gontran, en 565 ; de Caribert, à la même époque ou à peu près ; de Dagobert Ier, en 629 ; de Pepin, en 668 ; de Philippe Auguste, en 1193 et en 1201 ; de Louis XII, en 1499 ; de Henri VIII, en 1534 ; de Henri IV, en 1599 ; de Napoléon, en 1809.

Cependant Charlemagne, qui eut jusqu'à trois femmes successivement et en même temps vivantes, fut canonisé par la cour de Rome. qui excommunia Lothaire II pour avoir divorcé, même avec l'assentiment d'un concile (Metz, 862). Les intrigues de ses oncles et de l'empereur obtinrent du pape Nicolas Ier la condamnation de ce mariage. Avec Lothaire furent excommuniés tous les Pères du concile de Metz. Rome l'emporta, malgré la réclamation des archevêques de Cologne, de Trèves et de Reims.

Du reste, les théologiens devinrent au neuvième siècle, en France, les régulateurs du divorce, comme on le voit par celui de Lothaire et par le mariage des esclaves, qui fut possible sans l'agrément de leurs maîtres. Les nullités absolues de mariage, telles que le droit pontifical les avait établies, furent converties en lois par l'édit de Charles le Chauve (Pistoie, 876).

Bergier fait observer cependant que, dans le onzième siècle et le douzième, les divorces étaient très-communs ; que les grands seigneurs répudiaient leurs femmes dès que leur intérêt semblait l'exiger, et qu'ils ne manquaient jamais de prétextes pour engager les évêques à pallier ce scandale.

§ VI

Dans certaines provinces, comme en Bretagne, la jurisprudence du parlement condamnait une femme innocente à une réclusion presque semblable à celle qui

était la peine de l'adultère ; elle était obligée de se retirer dans un couvent cloîtré pendant toute la vie de
son mari coupable et resté libre.

Avant 1792, en France, le divorce n'était pas permis
aux protestants. Le juif qui demandait le divorce devant
un tribunal civil devait être jugé d'après ses lois religieuses, parce que les juifs de France n'étaient pas Français.

Un édit de 1606, ordonnant aux juges de l'Église de
se conformer aux ordonnances du royaume sur le mariage, indique assez que, dès cette époque au moins, il
y avait tendance à distinguer deux lois et deux juridictions en ces sortes de matières. La nécessité de cette
distinction dut se faire sentir surtout depuis l'édit de
Nantes : les protestants devaient avoir un état civil in-
dépendant de l'Eglise catholique. Cependant la confu-
sion des deux juridictions est encore très-sensible dans
le droit français du dix-septième siècle et du dix-hui-
tième, comme on peut le voir par les lois ecclésiastiques,
civiles et criminelles de cette période. Ce n'est qu'en
1791 que la séparation devint tranchée.

La constitution du 3 septembre 1791 posa le principe. La loi du 20 septembre 1792 tira la conséquence
en abolissant la séparation de corps et en y substituant
le divorce. C'était dépasser le but, puisque la séparation
de corps est une situation juridique intermédiaire, et
qui doit être laissée à la convenance des intéressés.

Les lois du 8 nivôse et 4 floréal an II se montrèrent

plus favorables au divorce que celle du 20 septembre de l'année précédente. Il en résulta une réaction qui eut pour effet la loi du 15 thermidor an III, c'est-à-dire le retour à celle du 20 septembre 1792. En l'an V, on essaya une modification qui n'aboutit qu'au renvoi à la commission du Code civil; plusieurs fois ajournée, elle finit par donner naissance à la loi du 1er complémentaire (an V), qui se borna à prolonger de six mois le délai après lequel le divorce pourrait être prononcé en cas d'incompatibilité d'humeur.

Enfin la loi définitive sur la matière fut décrétée le 21 mars 1803 (30 ventôse an XI) et fit partie du Code civil jusqu'à celle du 8 mai 1816, qui l'abroge.

Depuis lors plusieurs motions ont été faites en vain pour la rétablir, surtout au lendemain des révolutions de 1830 et de 1848.

Il faut voir maintenant de quelle manière le droit ecclésiastique s'est formé, comment il est parvenu à s'imposer en matière de divorce à la législation française du dix-neuvième siècle.

DEUXIÈME PARTIE

— DROIT —

DU MARIAGE

Le mariage est le contrat solennel par lequel deux personnes de sexe différent se promettent mutuellement la fidélité dans l'amour, la communion dans le bonheur, l'assistance dans l'infortune [1].

Portalis, et tous les autres après lui, le définissent : la société de l'homme et de la femme qui s'unissent pour perpétuer leur espèce ; pour s'aider, par des secours mutuels, à porter le poids de la vie, et pour partager leur commune destinée.

Cette définition a le tort de ne pas assez distinguer le concubinage du mariage, et de présenter la vie comme un *poids*, comme un *fardeau*, erreur qui peut amener les conséquences les plus graves.

---

[1] Cette définition, que nous adoptons, est de M. Mourlon, dont les savantes études serviront à nous guider dans la tâche difficile que nous avons entreprise.

Il y a plus d'exactitude dans notre définition, car elle montre que si la *procréation des enfants* en est la fin principale, elle n'en est pas le but essentiel, unique. La loi voit encore dans le mariage une société de secours et d'assistance. C'est ce qui explique pourquoi un vieillard de quatre-vingt-dix ans, par exemple, bien qu'inhabile à la procréation des enfants, peut légitimement se marier ; c'est ce qui explique aussi comment il se fait que la loi tolère les *mariages in extremis*, quoique aux approches de la mort, l'œuvre de la génération soit généralement impossible.

I

DES QUALITÉS ET CONDITIONS REQUISES POUR POUVOIR CONTRACTER MARIAGE

DES EMPÊCHEMENTS

§ Ier

DE L'AGE REQUIS POUR POUVOIR CONTRACTER MARIAGE

L'âge requis pour le mariage est celui de dix-huit ans révolus pour les hommes, et de quinze ans révolus pour les femmes.

Révolus... c'est-à-dire accomplis. Ainsi le mariage ne peut être célébré qu'autant que le premier jour de la dix-neuvième année pour le futur, et de la seizième année pour la future est commencé.

En effet, sans cette disposition, il arriverait que des êtres à peine sortis de l'enfance donneraient à la société des générations chétives et imparfaites.

D'autre part, le mariage étant l'acte le plus important de la vie, puisqu'il engage l'avenir, il est juste que les futurs époux soient en mesure d'apprécier l'étendue de l'engagement qu'ils vont contracter.

En troisième lieu, les époux ont un patrimoine à gérer, une famille à gouverner ; il importe donc qu'ils soient eux-mêmes capables de devenir maîtres de maison, chefs de famille.

Toutefois, le chef de l'État peut accorder des dispenses pour des motifs graves. C'est à la loi, au reste, qu'appartient le droit d'apprécier la gravité des motifs invoqués par les parties ; la loi s'en rapporte, à cet égard, à sa sagesse.

§ II

DE L'EXISTENCE D'UN PREMIER MARIAGE

La bigamie n'est point permise ; elle est même punie par nos lois. De là la règle qu'on ne peut contracter un second mariage avant la dissolution du premier.

§ III

DE LA PARENTÉ ET DE L'ALLIANCE

La *parenté* est la relation ou le lien qui unit spécialement plusieurs personnes issues l'une de l'autre, ou d'un auteur commun. Elle est légitime ou naturelle, suivant qu'elle résulte ou non de légitimes mariages.

La *ligne directe* est la série des personnes qui descendent l'une de l'autre, tels que petit-fils, fils, père, grand-père, etc.

La *ligne collatérale* est la série des personnes qui, sans descendre l'une de l'autre, descendent d'un auteur commun, tels que frère, sœur, oncle, nièce, etc.

L'*alliance* est le lien civil que le mariage fait naître entre chacun des époux et les parents de l'autre. Ainsi, le mari est l'allié de chacun des parents de sa femme, et réciproquement.

Le mariage est défendu absolument dans la ligne directe.

Il est défendu également dans la ligne collatérale :

1° Entre le frère et la sœur (légitime ou naturel).

2° Entre l'oncle et la nièce, la tante et le neveu, à plus forte raison entre l'oncle et sa petite-nièce, etc., seulement s'ils sont légitimes.

L'alliance produit, dans la ligne directe, les mêmes obstacles au mariage que pour la parenté légitime ou naturelle.

Dans la ligne collatérale, l'alliance ne fait obstacle au mariage qu'entre les alliés à titre de frères et sœurs légitimes ou naturels. Le mariage est donc permis entre les alliés à titre d'oncle ou de nièce, de tante ou de neveu. Ainsi, je ne puis pas prendre pour femme la sœur légitime ou naturelle de ma femme qui vient de mourir; au contraire, je puis épouser sa tante légitime ou naturelle.

L'article 164 du code Napoléon n'autorisait les dispenses que pour les mariages entre *l'oncle et la nièce, la tante et le neveu*. Mais la loi du 16 avril 1832 a conféré le même bénéfice aux *beaux-frères et belles-sœurs*.

§ IV

DU CONSENTEMENT DES ÉPOUX

Le mariage, étant un contrat, ne peut se former que par le consentement des époux (art. 1108), c'est-à-dire par le concours de leurs volontés. Il ne suffit même pas qu'ils donnent un consentement quelconque ; la loi veut que ce consentement soit *libre* et *exempt d'erreur*.

Lorsque le consentement manque absolument, le mariage n'existe point ; on dit alors qu'il est *nul ;* toute personne intéressée peut en demander la nullité ; et, à quelque époque qu'elle soit formée, la demande en nullité est recevable.

Ainsi, point de consentement, point de mariage. Les personnes impuissantes à manifester leur volonté sont donc incapables de se marier ; tels sont les sourds-muets et les personnes privées de raison. Toutefois remarquons :

1° Que l'incapacité des sourds-muets cesse lorsque l'éducation qu'ils ont reçue les met à même de comprendre l'engagement qu'ils contractent, et de manifester leur consentement, soit par l'écriture, soit par des signes d'une autre nature ;

2° Que le mariage contracté par une personne en état habituel de démence ou de fureur est et reste valable lorsqu'il a été célébré pendant un intervalle lucide.

Le consentement qui constitue le mariage consiste dans

l'échange des promesses réciproques que se font les parties devant l'officier de l'état civil et sur ses interroga-
tions (art. 75). Jusque-là, aucune promesse n'oblige; il
n'est point permis, en effet, d'engager sa liberté, en
promettant le mariage à telle personne. Toute convention, à cet égard, n'est qu'un simple projet qui n'engage
ni l'une ni l'autre des parties.

<h2 style="text-align:center">§ V</h2>

DU CONSENTEMENT DES ASCENDANTS OU DE LA FAMILLÉ

A vingt et un ans, la *fille*, soit qu'elle ait, soit qu'elle
n'ait plus d'ascendants, est absolument libre de se marier comme elle l'entend.

Il n'en est pas de même du *fils* qui a des ascendants ;
majeur à vingt et un ans pour tous les actes qui regardent
ses biens, il reste quant au mariage, mineur jusqu'à
vingt-cinq ans. Tant qu'il n'a pas atteint cet âge, ses
ascendants ont le droit d'empêcher son mariage en refusant leur consentement.

En cas de dissentiment entre le père et la mère, le
consentement du père suffit.

Si le père ou la mère est mort, ou dans l'impossibilité de manifester sa volonté, le consentement de l'autre
suffit, mais sous la condition d'établir le décès ou l'impossibilité qui met le père ou la mère hors d'état de
manifester sa volonté.

Si le père et la mère sont morts l'un et l'autre, ou dans

l'impossibilité de manifester leur volonté, leur pouvoir passe aux aïeuls et aïeules. Ainsi donc, si deux ascendants à degrés égaux existent, par exemple, l'aïeul et l'aïeule, dans la même ligne, les choses se passent comme quand l'enfant a son père et sa mère; en cas de dissentiment la volonté de l'aïeul l'emporte. Si des ascendants existent dans la ligne paternelle et dans la ligne maternelle, en cas de dissentiment entre eux, le partage vaut consentement.

Si pères, mères, ascendants sont morts ou dans l'impossibilité de manifester leur volonté, l'enfant mineur aura besoin du consentement de son conseil de famille[1].

Quant au consentement, il peut être donné à l'avance, ou au moment même de la célébration du mariage, ou verbalement à l'officier de l'état civil qui le reçoit directement, ou par acte notarié.

Actes respectueux. — Le fils qui a vingt-cinq ans accomplis, la fille, quand elle a vingt et un ans révolus, sont absolument maîtres de leurs destinée ; leur volon suffit pour la validité de leur mariage. Toutefois, l'enfant qui a le droit de se marier contre le gré de ses ascendauts, doit, à tout âge, leur demander préalablement leur *conseil*, au moyen d'un acte authentique qui leur

---

[1] Le conseil de famille se réunit toujours sous la présidence du juge de paix, qui a voix délibérative et prépondérante en cas de partage. Il y a six parents, alliés ou amis qui composent ou représentent les deux côtés, paternel et maternel.

est notifié par un notaire. Cette demande par acte notarié est ce qu'on appelle un *acte respectueux*.

Cette nécessité de consulter ses ascendants avant de contracter mariage est utile à l'enfant ; elle appelle son attention sur l'importance de l'acte qu'il va faire ; les délais qu'elle entraine lui donnent le temps de réfléchir mûrement, et par suite, le moyen de se soustraire à de mauvaises influences. Les conseils qu'il reçoit peuvent le détourner d'une union peu digne de lui et de sa famille.

En résumé, les ascendants ont le droit, non plus d'empêcher le mariage de leur enfant en refusant leur consentement, mais de l'en détourner par leurs conseils, sauf à lui à passer outre, s'il persiste dans son projet.

L'enfant qui recourt aux actes respectueux fait rédiger sa demande par un notaire assisté d'un second notaire ou de deux témoins.

Elle doit être notifiée par un notaire ; la présence de l'enfant à la notification n'est pas nécessaire.

Les actes respectueux doivent être notifiés au père et à la mère, à moins que l'un deux ne soit mort ou dans l'impossibilité de donner un consentement, auquel cas il suffit de les notifier à l'autre. S'ils sont morts tous les deux, ou incapables de manifester leur volonté, la notification doit alors être faite aux ascendants.

De vingt-cinq à trente ans pour les fils, de vingt et un à vingt-cinq pour les filles, *trois* actes respectueux sont nécessaires. La loi exige qu'ils soient faits de mois en mois. Un mois après le troisième, l'enfant peut passer outre au mariage.

Après trente ans pour les fils, vingt-cinq pour les filles un seul acte suffit; un mois après, il peut être passé outre à la célébration du mariage.

Si l'ascendant auquel doivent être faits les actes respectueux est absent, on passe outre à la célébration, sous la condition de justifier de l'absence de l'ascendant.

Quant à ce qui regarde les publications qui doivent précéder la célébration du mariage et l'existence d'une opposition au mariage, nous allons nous en occuper dans les chapitres suivants.

II

DES FORMALITÉS RELATIVES A LA CÉLÉBRATION DU MARIAGE

SECTION Ire

DE LA PUBLICITÉ QUI PRÉCÈDE LE MARIAGE

Les *publications* sont l'annonce publique du mariage que les parties ont le projet de contracter.

L'officier de l'état civil qui les fait — sur la réquisition des futurs époux — est tenu d'en dresser acte [1].

Un extrait de cet acte est et reste affiché pendant onze jours à la porte de la mairie. C'est en cela que consistent les publications. Ce délai a pour but de laisser aux parents des parties le temps d'user du droit d'opposition que la loi leur confère. (Voy. chapitre III.)

Les publications doivent être faites dans toutes les

[1] Cet acte énonce : 1° les prénoms, noms, professions et domiciles des futurs époux ; 2° leur qualité de majeurs ou de mineurs ; 3° les prénoms, noms, professions et domiciles de leurs pères et mères ; 4° les jours, lieux et heures où les publications ont été faites.

commnes où le mariage peut être célébré. Or le mariage peut être célébré, soit au domicile ordinaire de l'une ou de l'autre des parties, encore qu'elle n'y compte pas six mois au moins de résidence, soit dans la commune où l'une ou l'autre a au moins six mois de résidence, encore qu'elle n'y ait point son domicile réel.

Les publications doivent être également faites au domicile des ascendants, qui ont droit d'empêcher le mariage en refusant leur consentement.

Le mariage ne peut pas être célébré avant le onzième jour des publications, et s'il n'a pas été célébré dans l'année, *à compter de l'expiration du délai des publications*, il ne peut plus l'être qu'après que de nouvelles publications ont été faites dans les formes légales.

SECTION II

DE LA PUBLICITÉ QUI ACCOMPAGNE LE MARIAGE

Cette publicité se compose :

1° *De l'intervention d'un officier public.* — Le mariage doit nécessairement être contracté devant un officier de l'état civil, c'est-à-dire devant le maire ou l'adjoint du domicile de l'une des parties.

2° *De la célébration du mariage dans la maison commune, c'est-à-dire à la mairie.* — Ainsi on ne se marie ni dans sa maison, ni dans celle de l'officier civil.

3° *De l'admission du public à cette célébration.* — Les portes de la mairie doivent donc, pendant qu'on célèbre le mariage, *rester ouvertes*, afin que le public puisse y avoir accès.

4° *De la présence de quatre témoins*, parents ou non parents, mais réunissant les qualités prescrites par l'article 37.

5° *De la nécessité de se marier là où les parties sont réputées connues.*— Elles sont réputées connues là où l'une d'elles a son domicile.

SECTION III

DES PIÈCES QUI DOIVENT ÊTRE REMISES A L'OFFICIER DE L'ÉTAT CIVIL AVANT LA CÉLÉBRATION DU MARIAGE

L'officier de l'état civil doit, avant de célébrer le mariage, se faire remettre :

1° *L'acte de naissance de chacun des futurs époux.* — En cas d'impossibilité, cet acte peut être remplacé par un acte de notoriété, délivré par le juge de paix du lieu de la naissance ou du domicile du futur [1].

[1] Cet acte de notoriété doit contenir :

D'une part, la déclaration faite par sept témoins, de l'un ou l'autre sexe, parents ou non parents, des prénoms, nom, profession et domicile du futur époux et de ceux de ses père et mère, s'ils sont connus ;

D'autre part, le lieu, et, autant que possible, l'époque de sa naissance, et les causes qui empêchent d'en rapporter l'acte.

Les témoins signent l'acte de notoriété avec le juge de paix,

2° Un acte authentique du consentement des ascendants ou parents, lorsqu'ils n'assistent pas en personne à la célébration.

Lorsque les futurs époux ont atteint l'âge compétent pour se marier sans le consentement de leurs ascendants ou de leurs parents, l'acte de *consentement* est remplacé par les procès-verbaux des *actes respectueux.* Si les ascendants sont morts ou dans l'impossibilité de manifester leur volonté, les futurs doivent en apporter la preuve.

3° Une expédition authentique des dispenses d'âge ou de parenté, s'il en a été accordé.

4° Lorsque l'un des futurs a déjà été marié, *l'acte de décès de son premier conjoint.*

5° Les certificats délivrés par les officiers publics des différentes communes où le projet de mariage a dû être publié, constatant, d'une part, que les publications ont été faites ; d'autre part, qu'il n'y a point d'opposition.

et s'il en est qui ne puissent ou sachent signer, il en est fait mention.

Il est ensuite présenté au tribunal de première instance du lieu où le mariage doit être célébré. Le tribunal, après avoir entendu le procureur de la république, donne ou refuse son homologation (*), selon qu'il trouve ou non suffisantes les déclarations des témoins et les causes qui empêchent de rapporter l'acte de naissance.

(*) On appelle *homologation* la décision du tribunal qui donne à un contrat particulier la force d'un acte public.

6° *Les main levées* [1] *des oppositions qui ont été faites.*

7° *Un certificat délivré par le notaire devant lequel les futurs époux ont fait leur contrat de mariage.*

8° *Un certificat constatant que le futur a satisfait à la loi du recrutement.*

SECTION IV

DE LA SOLENNITÉ DU MARIAGE

Le mariage est célébré au jour indiqué par les parties, dans la maison commune, publiquement, c'est-à-dire les portes ouvertes.

L'officier de l'état civil donne aux parties, en présence des témoins, lecture : 1° des pièces que nous venons d'indiquer ; 2° du chapitre VI du titre du Mariage, où la loi règle *les droits et les devoirs respectifs des époux.* Après quoi il les interroge, demandant au futur s'il consent à prendre pour femme celle qui est présente et qu'il désigne par ses nom et prénoms; à la future si elle consent à prendre pour mari l'homme qui est à ses côtés et dont il indique également les nom et prénoms. Chacune des parties répond séparément à la question qui lui est faite.

Sur leur déclaration affirmative, l'officier de l'état civil

---

[1] On appelle *main levée*, l'acte par lequel celui qui a fait opposition lève, en y renonçant, l'obstacle qu'elle apportait au mariage.

prononce, au nom de la loi, qu'elles sont unies par le mariage, et il en dresse acte sur-le-champ.

DES MARIAGES CONTRACTÉS A L'ÉTRANGER, SOIT ENTRE FRANÇAIS, SOIT ENTRE FRANÇAIS ET ÉTRANGERS

Les Français peuvent se marier à l'étranger tout aussi valablement qu'en France. Les conditions et formalités prescrites pour la parfaite régularité de leur mariage hors de France sont au nombre de quatre.

CONDITIONS DE FORMES

Si un Français épouse à l'étranger une femme *française*, le mariage peut être valablement célébré, *au choix des parties*, soit devant les consuls et les agents diplomatiques français, et selon les formes françaises, soit devant l'officier public et selon les formes du pays où le mariage a lieu.

Epouse-t-il une femme *étrangère*, le mariage ne peut être célébré que devant l'officier du pays où il a lieu, et dans les formes usitées dans ledit pays. Ainsi lorsque les futurs époux sont *l'un et l'autre Français*, l'officier étranger ou l'agent français sont *l'un et l'autre* compétents : si l'un des futurs époux seulement est Français, l'officier étranger est seul compétent.

II

CONDITIONS DES PUBLICATIONS EN FRANCE

Les Français qui se marient à l'étranger doivent, préalablement à leur mariage, faire en France toutes les publications qu'ils seraient obligés d'y faire s'ils s'y mariaient.

III

CONDITIONS DE CAPACITÉ

Les Français qui se marient à l'étranger ne doivent point contrevenir aux dispositions de notre code, relativement aux *qualités et conditions requises* pour pouvoir se marier. (Voir chap. I). La *forme* de leur contrat peut être réglée par les lois du pays où ils se marient, mais quant aux qualités et conditions requises pour pouvoir le contracter, ceci appartient à la loi française. Ainsi, par exemple, il n'est point permis aux Français de se marier à l'étranger avant dix-huit ou quinze ans révolus, alors même qu'ils se trouvent dans un pays où le mariage peut avoir lieu avant cet âge; ni d'avoir deux femmes, quoiqu'ils se marient dans un pays où la polygamie est permise. Ils doivent aussi, alors même qu'ils se marient dans un pays où cet usage n'est pas obligatoire, demander par des actes respectueux le *conseil* de leurs ascendants, dans le cas où la loi française l'exige.

Au reste, c'est aux *Français* seuls qu'est imposée l'obligation dont nous venons de parler, de ne point contrevenir aux dispositions de notre Code ; un Français peut donc, s'il a dix-huit ans, épouser une femme qui en a moins de quinze, si la loi du pays de sa future permet le mariage avant cet âge.

IV

CONDITION DE LA TRANSCRIPTION

Le Français qui s'est marié à l'étranger doit, *dans les trois mois de son retour en France,* faire transcrire l'acte de célébration de son mariage sur le registre public des mariages du lieu de son domicile.

Cette transcription n'est point nécessaire :

1° Quand le Français s'est marié à l'étranger devant nos agents diplomatiques et selon les formes françaises ;

2° Quand une *femme* française s'est mariée à l'étranger avec un étranger, car alors, par le fait de son mariage, elle a cessé d'être Française.

III

DES OPPOSITIONS AU MARIAGE

L'*opposition* est l'acte par lequel certaines personnes, qui ont qualité à cet effet, *font, par ministère d'huissier, défense à un officier public de célébrer un mariage.

L'officier public auquel l'opposition est notifiée ne doit pas célébrer le mariage tant que les futurs époux ne lui en rapportent par la main levée.

L'opposition a une double utilité :

1° L'officier de l'état civil peut ne pas connaître les empêchements qui s'opposent à l'union projetée entre les parties, et dans l'ignorance où il est à cet égard, prêter son ministère à un acte frauduleux ; il importe don que certaines personnes qui, par leur position, en sont naturellement instruites, puissent lui en donner avis.

2° Les ascendants peuvent s'opposer au mariage, *alors même que les parties réunissent toutes les condition s et qualités pour contracter un mariage valable. Cett e*

opposition, il est vrai, ne réussira pas, si l'enfant contre
lequel elle est formée en demande la main levée ; mais
elle nécessite un procès, et un procès ne se vide pas en
quelques instants. Elle a donc cet effet de suspendre
pendant quelque temps la célébration du mariage. Or
c'est beaucoup que de gagner du temps ; car l'union projetée par l'enfant, quoique permise par la loi, peut être
fort compromettante pour lui et pour sa famille. Les délais
qu'entraîne l'opposition donnent aux ascendants le temps
dont ils peuvent avoir besoin pour venir au secours de
l'enfant qui, dominé par des entraînements déréglés,
est sur le point de contracter un mariage honteux. Le
temps est une grande ressource contre les passions
aveugles.

Suivant notre ancien droit français, toute personne
pouvait, et pour quelque cause que ce fût, s'opposer au
mariage. Ce droit absolu et sans limites devint, dans
la pratique, un moyen de vexation. La plupart des mariages se trouvèrent ainsi, au grand préjudice de l'ordre
public, entravés par des obstacles que suggéraient des
passions indiscrètes ou injustes. « Il a existé un temps,
« dit Portalis, et ce temps n'est pas loin de nous, où, sous
« le prétexte de la plus légère inégalité dans la fortune
« ou la condition, on osait former opposition à un ma-
« riage honnête et raisonnable. Mais aujourd'hui où l'é-
« galité est établie par nos lois, deux époux pourront
« céder aux douces inspirations de la nature et n'auront
« plus à lutter contre les préjugés de l'orgueil, contre

« toutes ces vanités sociales qui 'mettaient dans les al-
« liances et dans les mariages la gêne, la nécessité, et, nous
« osons le dire, la fatalité du destin même. On a moins à
« craindre ces oppositions bizarres qui étaient inspirées
« par l'ambition ou commandées par l'avarice. On ne craint
« plus ces spéculations combinées avec tant d'art, dans
« lesquelles, en fait de mariage, on s'occupait de tout,
« excepté du bonheur. Toutes les classes de la société
« étaient plus ou moins dominées par les mêmes pré-
« jugés ; les vanités étaient graduées comme les con-
« ditions ; un caractère sûr, des vertus éprouvées, les
« grâces de la jeunesse, les charmes mêmes de la beauté,
« tout était sacrifié à des idées ridicules et misérables
« qui faisaient le malheur des générations présentes,
« et qui étouffaient d'avance les générations à venir.

« Dans le système de notre législation, nous ne som-
« mes plus exposés aux mêmes dangers ; chacun est
« devenu plus maître de sa destinée ; mais il ne faut pas
« tomber dans l'extrémité contraire. Le souvenir de
« l'abus que l'on faisait des oppositions aux mariages du
« fils de famille ou des citoyens n'a pas dû nous déter-
« miner à proscrire toute opposition. Nous eussions fa-
« vorisé le feu des passions et la licence des mœurs en
« croyant ne protéger que la liberté du mariage. »

Les personnes auxquelles la loi confère aujourd'hui le
droit d'opposition sont :

1° *La personne engagée par le mariage avec l'un
des futurs;*

2° Les *ascendants*, c'est-à-dire le père, et, à défaut du père, la mère, et à défaut des père et mère, les aïeuls et les aïeules ;

3° *Le frère ou la sœur, l'oncle ou la tante, le cousin ou la cousine germaine.*

Mais le droit d'opposition ne passe à ses collatéraux,

D'une part :

1° *Qu'à défaut d'aucun ascendant ;*

2° *Qu'autant qu'ils sont majeurs ;*

D'autre part :

1° *Lorsque le consentement du conseil de famille n'a pas été obtenu ;*

2° *Lorsque l'opposition est fondée sur l'état de* démence *du futur époux ;*

3° *Le tuteur ou le curateur, pendant la tutelle ou la curatelle, mais sous la condition d'obtenir à cet effet l'autorisation du conseil de famille,* et dans les deux cas seulement *où l'opposition est permise aux collatéraux.*

L'acte d'opposition au mariage doit être formé par *exploit d'huissier*, et être signé sur l'original et sur la copie par l'opposant ou par son fondé de procuration spéciale et authentique.

Cet acte doit :

1° Énoncer la qualité de l'opposant et les motifs de l'opposition ;

2° Contenir l'élection d'un domicile faite par l'opposant dans le lieu où le mariage doit être célébré.

Nota. — Les *ascendants* sont dispensés d'indiquer dans l'acte d'opposition les motifs sur lesquels ils la fondent.

Cet acte doit être signifié ensuite *aux parties*, et. *à l'officier de l'état civil.*

L'opposition a pour effet d'arrêter la célébration du mariage. L'officier de l'état civil qui la reçoit ne doit, *sous aucun prétexte,* passer à la célébration du mariage, tant qu'on ne lui en rapporte pas main levée.

Le demandeur en main levée d'opposition forme sa demande, à son choix, devant le tribunal du domicile spécial que l'opposant a élu dans l'opposition ou devant celui de son domicile ordinaire.

La demande en main levée d'opposition : 1° est dispensée du préliminaire de conciliation ; 2° le tribunal de première instance doit prononcer sur elle dans les dix jours. Si sa décision est attaquée, le tribunal d'appel doit statuer dans le même délai.

L'opposant qui succombe doit être condamné aux frais du procès, mais cela arrive peu dans la pratique. Il peut de plus, dans ce cas-là, être condamné à des dommages et intérêts. L'opposition a pu, en effet, empêcher un mariage légitime ; un dommage existe, il est juste qu'il soit réparé.

Cette règle ne s'applique qu'aux opposants autres que les ascendants ; ceux-ci ne sont en aucun cas passibles de dommages et intérêts.

IV

DES DEMANDES EN NULLITÉ DE MARIAGE

La loi traite sous ce chapitre : 1° des demandes en nullité de mariage ; 2° des mariages putatifs ; 3° de la preuve des mariages.

SECTION Ire

DES DEMANDES EN NULLITÉ DE MARIAGE

Mariage nul. — Le mariage *nul* est celui qui, bien qu'il ait pu se former, n'a réellement aucune existence légale. Ce n'est pas seulement un mariage *imparfait* ou *vicieux*, c'est un mariage *inexistant*, un pur fait destitué de tout effet civil. La nullité dont il est infecté est *absolue* et *perpétuelle; absolue*, elle peut être invoquée par toute personne intéressée ; *perpétuelle*, elle peut l'être dans tous les temps, car rien ne peut la couvrir ni la faire disparaître, ni le temps, ni la volonté expresse ou tacite des parties.

Mariage annulable. — Le mariage *annulable* est celui qui, à raison d'un vice dont il est infecté, peut être annulé sur la demande de certaines personnes auxquelles la loi confère ce droit, mais qui est susceptible de devenir *valable* par suite d'un fait postérieur, la ratification, c'est-à-dire l'approbation qu'en font les personnes qui seules avaient qualité pour en faire prononcer la nullité. Ce n'est pas un mariage *valable*, ce n'est pas un mariage *nul* ou *inexistant*; c'est un mariage *imparfait*; la loi le reconnaît et le traite provisoirement comme un mariage valable.

Le droit de faire prononcer la nullité du mariage est limitée à certaines personnes; si elles ne l'exercent pas dans un certain délai, leur inaction constitue une renonciation, à leur action et, par suite, une ratification tacite du mariage. — Dans ce cas, les nullités sont dites *relatives* et *temporaires*.

§ 1er

DES MARIAGES NULS OU INEXISTANTS. — NULLITÉS ABSOLUES ET PERPÉTUELLES

Les nullités absolues ont toutes pour fondement la violation d'un principe d'ordre public; c'est pour cela qu'elles peuvent être invoquées *en tout temps*, et *par toute personne intéressée*. Les causes qui les font naître sont au nombre de sept, savoir :

1° *L'identité de sexe;*

2° *Le défaut absolu de consentemnt* (art. 146). Ainsi le mariage que contracte en apparence une personne folle n'a aucune existence légale.

*3° L'absence d'une manifèstation solennelle du con-
sèntement devant un officier de l'état civil;*

4° La bigamie ou l'existence d'un premier mariage.

5° La parenté ou l'alliance à un degré prohibé. —
Des dispenses obtenues après coup ne valideraient point
le mariage.

6° Le défaut de publicité;

7° L'incompétence de l'officier de l'état civil.

Le droit de proposer les nullités absolues appartient
à toute personne actuellement intéressée, c'est-à-dire
à tous ceux dont les droits, *nés* et *actuels*, seraient
anéantis ou compromis, si'le mariage qu'ils attaquent
leur était opposable.

Ont un intérêt né et actuel à la nullité du mariage;

1° Les époux eux-mêmes;

*2° L'époux dont le conjoint a contracté un second
mariage;*

3° Les ascendants;

*4° Les collatéraux et les enfants nés d'un autre
mariage,* à condition d'avoir un intérêt né et actuel à
la nullité du mariage; autrement ils ne sont pas auto-
risés à la demander.

L'intérêt des ascendants naît avec le mariage même,
car, dès qu'il existe, la paix et l'honneur de la famille
sont compromis; ils peuvent donc agir *dès à présent.*

Il n'en est pas de même des *collatéraux.* Leur intérêt, au lieu d'être moral, est purement pécuniaire ; c'est

un *intérêt de succession* qui, par sa nature même n'existe qu'au moment du décès ;

5° *Les créanciers des époux ;*

6° *Le ministère public, c'est-à-dire la société, dont il est le représentant.*

§ II

DES MARIAGES ANNULABLES. — NULLITÉS RELATIVES ET TEMPORAIRES

Les nullités *relatives* sont au nombre de deux. Elles ont leur fondement, soit : 1° dans un vice du consentement de l'une ou de l'autre des parties ; soit 2° dans l'absence du consentement des personnes sous la puissance desquelles elles étaient quant au mariage.

1° Le mariage qui a été contracté *sans le consentement libre des époux* ou de l'un d'eux *ne peut être attaqué* que par les époux, ou par celui des deux dont le consentement n'a pas été libre.

Lorsqu'il y a erreur dans la personne, le mariage ne peut être attaqué que par celui des deux époux qui a été induit en erreur (art. 180).

Ajoutons que la loi voit une ratification tacite dans le fait d'une *cohabitation continuée pendant six mois depuis que l'époux a recouvré sa pleine liberté ou que l'erreur a été par lui reconnue.*

2° Le mariage qui a été contracté sans le consentement des père et mère, des ascendants ou du conseil de famille, dans les cas où le consentement était nécessaire ne peut être attaqué que par :

1° Celui des deux époux qui, ayant besoin du consentement de ses père et mère, de ses ascendants ou de son conseil de famille, ne l'a pas fait;

2° Ceux dont le consentement était requis.

Lors donc qu'on veut savoir ceux auxquels ce droit appartient, il faut se reporter à l'époque de la célébration du mariage et rechercher quels étaient ceux dont le consentement était *alors nécessaire pour la validité du mariage.* Ce droit ne peut être exercé que par eux ; il meurt avec eux.

La nullité fondée sur le défaut de consentement de la famille peut . être couverte par une ratification postérieure faite, soit par ceux dont le consentement était nécessaire, soit par l'époux qui avait besoin du consentement.

Cette ratification peut être *expresse,* c'est-à-dire être donnée par un acte ou par une simple lettre, ou *tacite,* c'est-à-dire ressortir de la conduite et des procédés de la famille envers les époux.

Les parents dont le consentement était requis ne sont plus recevables à proposer la nullité quand il y a *une année écoulée* sansr éclamation de leur part, *à compter du jour où ils ont connaissance du mariage.*

Pour l'époux ou l'épouse, qui n'a pas obtenu le consentement dont il avait besoin, il y a ratification lorsqu'il s'est écoulé, sans réclamation de sa part, *une année à compter du jour où il a atteint l'âge compétent pour se marier par lui-même.*

La nullité résultant de la *puberté* ou du *défaut d'âge* peut être proposée : 1° *par les époux;* 2° *par les ascendants;* 3° *par les collatéraux*, s'ils y ont un intérêt pécuniaire né et actuel; 4° *par le ministère public.*

Cette nullité est couverte :

1° Lorsqu'il s'est écoulé six mois depuis que l'époux ou les époux impubères ont atteint l'âge de puberté, c'est-à-dire quinze ans pour la femme et dix-huit ans pour le mari (art. 144).

2° Lorsque la femme *qui n'avait point l'âge requis* a conçu *avant l'échéance de six mois*. Sa grossesse fait tomber la présomption légale de son impuberté.

SECTION II

DES MARIAGES PUTATIFS

On appelle mariage *putatif* le mariage qui dans la réalité est nul, mais qui a été contracté de bonne foi par les deux époux ou par l'un deux.

Lorsqu'un mariage est annulé, tous les effets qu'il avait paru produire sont anéantis; il ne cesse pas seulement pour l'avenir, il est réputé n'avoir pas existé dans le passé. Quand le mariage a été *putatif*, le jugement qui l'annule le fait bien cesser pour l'avenir, mais il est réputé avoir été valable dans le passé et jusqu'au jour du jugement.

Les enfants issus d'un mariage *putatif* naissent *légitimes* et membres de la famille des deux époux. Toutes les prérogatives dont jouissent les enfants réellement légitimes, droit de succéder à leur père et mère et aux parents de leurs père et mère (art. 745), droit à des aliments (art. 203), droit à une réserve (art. 913), existent également au profit des enfants *putatifs*.

Le mariage ne sera regardé comme valable à l'égard des époux que si tous deux ont été de bonne foi. Autrement, celui-là seul jouira des effets civils qui aura été de bonne foi.

Si le mariage est réputé valable à l'égard des époux, le droit de puissance paternelle, avec tous les attributs que la loi y attache sur les biens et la personne de leurs eufants, leur est conféré de même qu'aux père et mère réellement légitimes.

Ils succèdent à leurs enfants conformément aux articles 746 à 749.

Le droit de successibilité réciproque que l'article 767 confère à celui des deux époux qui survit à l'autre leur appartient également. Toutefois, ce droit de successibilité, étant attaché *à la qualité d'époux*, cesse avec elle.

Il en résulte donc qu'ils ne peuvent succéder l'un à l'autre qu'autant que la succession s'ouvre alors qu'ils sont encore conjoints, c'est-à-dire avant l'annulation de leur mariage.

SECTION III

DE LA PREUVE DES MARIAGES

La loi reconnaît, quant à la célébration du mariage, quatre modes de preuve, savoir : 1° preuve par l'acte de célébration inscrit sur les registres des actes de l'état civil (art. 194) ; 2° preuve par les registres ou papiers domestiques et par témoins (art. 194 et 465) ; 3° preuve par l'arrêt ou le jugement de condamnation rendu au criminel contre l'officier de l'état civil ou toute autre personne reconnue coupable d'avoir falsifié ou détruit la preuve ordinaire du mariage, c'est-à-dire l'acte de célébration (art. 198-200) ; 4° preuve par la possession d'état d'enfants légitimes, non contredite par leur acte de naissance et jointe à la possession d'état d'époux de leurs père et mère décédés (art. 197).

Le premier de ces modes de preuve forme la règle ou le droit commun. Les trois autres sont des dérogations à la règle. Les deux premières de ces dérogations (2° et 3° preuves) sont applicables à toutes personnes. La dernière n'a été introduite qu'*en faveur des enfants ; elle ne peut être invoquée que par eux.*

I. Nul ne peut réclamer *le titre d'époux* et les effets civils du mariage s'il ne représente un acte de célébration *inscrit sur le registre* de l'état civil (art. 194).

Lorsque l'existence d'un mariage est contestée, c'est à celle des parties qui affirme qu'il existe à en faire la preuve ; et nulle autre preuve que celle indiquée par l'art. 194 ci-dessus n'est admissible, ni les registres ou papiers domestiques, ni les témoins, ni même l'acte de célébration inscrit sur une feuille volante. La possession d'état elle-même, si longue et si constante qu'elle ait été, ne supplée point à l'acte de célébration ; autrement le concubinage usurperait trop souvent la place des mariages légitimes.

II. Le mariage peut être prouvé par la première dérogation à la règle que nous avons indiqué ci-dessus.

1° Lorsqu'il n'a pas existé de registres, ou lorsqu'on rencontre des lacunes ou des interruptions dans leur tenue;

2° Lorsqu'ils ont été perdus ou détruits en tout ou en partie.

III. La destruction et la falsification d'un acte de célébration de mariage constituent un *crime* qui peut amener des poursuites contre l'officier de l'état civil ou l'individu qui l'a commis. Le jugement de condamnation est alors inscrit sur les registres des actes de l'état civil. Ce jugement tient lieu de l'acte de célébration, et comme lui, fait preuve complète du mariage.

IV. La légitimité des enfants ne peut pas être contestée, sous prétexte du défaut de représentation de l'acte de célébration du mariage de leur père et mère, en d'autres termes, l'absence de cet acte ne leur nuit point; lorsque les quatre conditions qui suivent se trouvent réunies, il faut :

1° *Que leurs père et mère aient eu la possession d'état d'époux,* c'est-à-dire qu'ils aient vécu publiquement comme mari et femme, et que dans leur famille, dans la société, ils aient toujours été reconnus comme des personnes unies par le lien légitime du mariage.

2° *Qu'ils soient eux-mêmes en possession d'état[1] d'enfants légitimes;*

3° *Que leur possession d'état ne soit pas contredite par leur acte de naissance.* On n'exige pas d'eux qu'ils représentent un acte de naissance où leur légitimité serait déclarée; il suffit qu'on ne puisse point leur en apporter un où ils sont qualifiés d'*enfants naturels.*

4° *Que leurs père et mère soient l'un et l'autre décédés.*

[1] Quand l'enfant a toujours porté le nom du *père* auquel il prétend appartenir, que le père l'a traité comme son enfant, et a pourvu, en cette qualité, à son éducation et à son établissement; quand l'enfant a toujours été considéré dans la société et dans sa famille comme étant enfant des personnes dont il se dit issu, ces faits principaux constituent la possession d'état.

V

DES OBLIGATIONS QUI NAISSENT DU MARIAGE

I. Les époux *contractent ensemble*, par le fait seul du mariage, l'obligation de nourrir, entretenir et élever leurs enfants (art. 203).

Ils doivent donc, non-seulement les nourrir, les vêtir et les loger, soit chez eux, soit chez toute autre personne à laquelle ils les confient, mais encore les mettre en état, par une éducation convenable, de pourvoir eux-mêmes à leur subsistance.

II. Les enfants n'ont point d'action contre leurs père et mère pour obtenir d'eux, soit un établissement par mariage, soit tout autre établissement, tel, par exemple, que l'achat d'un fonds de commerce ou d'un office.

III. La dette *alimentaire* est une dette réciproque; si les pères et mère sont obligés de nourrir leurs enfants, les enfants doivent à leur tour nourrir leur père et mère quand ils sont dans le besoin. Même chose a lieu pour les gendres et belles-filles envers leurs beau-père et belle-mère, et réciproquement. Toutefois, cette obligation cesse : 1° *lorsque la belle-mère convole en secondes noces; 2° lorsque celui des deux époux qui produisait l'alliance et les enfants issus de son union avec l'autre époux sont décédés.*

La dette alimentaire n'existe point entre parents ou alliés *collatéraux*. Le frère, lui-même, si absolue que soit sa misère, ne peut rien exiger de son frère, si riche qu'il soit.

IV. Pour que les aliments soient dus, il faut : 1° que celui qui les demande soit dans le besoin, et hors d'état de pouvoir, par son travail et son industrie, se procurer les aliments nécessaires; 2° que la personne à laquelle on les demande soit en état de les fournir.

Quant à la quantité des aliments qui doivent être fournis, il faut, pour la déterminer, considérer : 1° *l'étendue du besoin de celui qui les réclame,* eu égard à sa qualité, à l'état, au rang qu'il a eu dans le monde; 2° *la fortune de celui qui les doit.* D'où l'on peut dire : lorsque le débiteur ou le créancier des aliments est replacé dans un tel état que l'un ne puisse plus en donner, ou que l'autre n'en ait plus besoin, *en tout ou en partie,* la décharge ou la réduction peut en être demandée.

De même, ils doivent être augmentés lorsque le besoin du créancier est devenu plus grand, ou que la fortune du débiteur a reçu une plus grande extension.

En principe, la dette d'aliments s'acquitte au moyen d'une *pension en argent,* car celui qui les doit *n'est point tenu* de recevoir chez lui, à son foyer et à sa table, celui qui a le droit de les exiger. Cependant, si l'offre est faite par un *père* ou une *mère* à son enfant, elle doit être acceptée *dans tous les cas.*

VI

DES DROITS ET DES DEVOIRS RESPECTIFS DES ÉPOUX
— AUTORISATION MARITALE

Les époux se doivent mutuellement fidélité, secours et assistance (art. 212).

Du devoir de fidélité. — Premièrement, l'adultère de la femme, *en quelque lieu qu'elle l'ait commis,* autorise son mari à demander contre elle la séparation de corps ; l'adultère du mari, au contraire, n'est une cause de séparation de corps que dans le cas où le mari a tenu sa concubine *dans la maison commune.*

Secondement, l'adultère de la femme, en quelque lieu qu'elle l'ait commis, est puni de trois mois à deux ans de prison. Le mari qui a commis un adultère ailleurs que dans la maison conjugale n'encourt aucune peine. S'il a entretenu sa concubine dans la maison commune, il peut être condamné de 100 à 2000 francs d'amende, mais jamais à l'emprisonnement.

La femme est punie plus sévèrement, principalement parce qu'en manquant à son devoir, elle peut donner le jour à des bâtards qui, sous la protection de la loi, viendront, à l'égal des enfants légitimes, prendre leur place dans la famille du mari.

Du devoir de se donner des secours. — Lorsque l'un des époux a une fortune qui lui est propre, tandis que l'autre est pauvre, l'époux qui est riche doit venir en aide à celui qui ne l'est pas. C'est ainsi qu'aux termes de l'art. 1448, la femme, quoique séparée de biens, doit supporter toutes les charges du mariage, lorsqu'il ne reste rien au mari.

Du devoir d'assistance. — Lorsque le malheur vient frapper l'un des époux, lorsqu'il souffre, qu'il est infirme, l'autre ne lui doit point seulement des *secours pécuniaires;* il lui doit, en outre, *l'assistance,* c'est-à-dire des soins personnels ; c'est à lui, plus qu'à tout autre, à le consoler par des marques d'affection et de dévouement, à veiller près de lui, à panser ses plaies, s'il est blessé. L'inaccomplissement de ce devoir constituerait, de sa part, une injure grave qui pourrait motiver, de la part de l'époux outragé, une demande en séparation de corps.

Le mari doit protection à sa femme; la femme doit obéissance à son mari (art. 213 et 214).

Du devoir d'obéissance naît pour la femme l'obligation d'habiter avec son mari et de le suivre partout où il juge à propos de résider, *même à l'étranger.*

Réciproquement le mari est tenu de recevoir sa femme chez lui et de l'y traiter convenablement, selon ses facultés et son état.

AUTORISATION MARITALE

Toutefois : 1° la femme n'est pas tenue de suivre son mari *à l'étranger*, lorsque l'émigration est défendue par une loi politique ; on ne peut pas, en effet, la contraindre à se mettre en révolte contre les lois ;

2° Elle n'est pas tenue de le suivre dans sa vie errante, dans ses voyages, lorsqu'il entend ne se fixer nulle part ; car tout ce que la loi exige d'elle, c'est qu'elle *habite* avec lui *là où il réside ;*

3° Elle n'est même pas tenue d'habiter là où il réside, lorsqu'il ne la reçoit pas dans un logement convenable et décent, selon sa fortune et son état.

La femme, dès le moment même de la célébration de son mariage et tant qu'il dure, est, en principe, *incapable* de faire seule, c'est-à-dire sans l'autorisation de son mari ou de justice, des actes de la vie civile.

Elle ne peut donc ni faire ni recevoir une donation, ni aliéner ni acquérir à titre onéreux, et, par conséquent, ni acheter, ni vendre, ni échanger ; elle ne peut ni s'obliger, ni hypothéquer, ni accepter une succession...; en un mot, elle est incapable sans l'autorisation de son mari de faire aucun acte susceptible de produire un effet de droit pour ou contre elle.

Elle ne peut figurer en justice sans l'autorisation de son mari, excepté quand elle est poursuivie criminellement ou pour fait de police.

Si le mari ne veut pas autoriser sa femme à plaider, le juge peut le faire.

Quoique séparée de biens, la femme, à elle seule, peut valablement faire des actes d'administration; marchande publique, elle peut aussi faire sans autorisation les actes qui concernent son négoce, mais si ces actes d'administration ou de commerce donnent lieu à un procès, elle ne peut le soutenir qu'en vertu d'une autorisation spéciale.

Cette autorisation ne lui est pas non plus nécessaire pour faire son testament.

Les droits du mari sont suspendus par toute cause qui peut le mettre dans l'impossibilité actuelle de les exercer; les principales sont l'interdiction, l'absence, le conseil judiciaire.

VII

DE LA DISSOLUTION DU MARIAGE. — DES SECONDS MARIAGES. — DE LA SÉPARATION DE CORPS

Il n'existe plus aujourd'hui qu'une seule cause de dissolution du mariage, la mort. L'absence, si prolongée qu'elle soit, ne le dissout point.

Le mari, devenu veuf, peut se remarier quand bon lui semble ; son droit n'est limité par aucun délai.

La veuve ne peut convoler à une nouvelle union qu'après qu'il s'est écoulé, à compter de la dissolution du présent mariage, *dix* mois pleins, c'est-à-dire *trois cents jours*.

La *séparation de corps* est la *remise* que la justice fait aux époux de *l'obligation de vivre en commun;* en d'autres termes, c'est la faculté pour chaque époux d'avoir une habitation distincte et séparée.

La séparation de corps ne *rompt* point le lien du mariage, elle ne fait que le relâcher.

Voyons les principales causes qui autorisent à demander la séparation de corps ·

1º Le mari peut demander la séparation de corps pour cause de l'adultère de sa femme, qui, si elle est condamnée, encourt, en outre, un emprisonnement de trois mois à deux ans;

2º La femme peut demander la séparation de corps pour cause d'adultère de son mari, *quand il aura tenu sa concubine dans la maison commune;*

La maison *commune* ou *conjugale* est celle que le mari habite ou qu'il a le droit d'habiter, et, dans laquelle, par conséquent, la femme a le droit d'être reçue elle-même;

3º Les deux époux pourront réciproquement demander la séparaiton de corps pour excès, sévices ou injures graves de l'un envers l'autre.

On appelle *excès*, les violences ou attentats par lesquels l'un des époux compromet l'existence de l'autre.

On appelle *sévices*, les actes de cruauté ou de méchanceté qui rendent la vie insupportable, mais sans la compromettre, tels que les voies de fait, les mauvais traitements.

On appelle *injures* les propos, les actes ou les écrits par lesquels l'un des époux attente à l'honneur et à la considération de l'autre.

4º La condamnation à une peine infamante est une cause de séparation de corps;

La séparation de corps entraîne toujours la séparation de biens (art. 311).

Le droit de la demander appartient aux époux seulement, *en quelque temps que ce soit,* et ce droit ne s'éteint qu'à la mort de l'un d'eux.

Quant à la réconciliation, elle emporte le pardon de l'injure, et, par suite, la renonciation au droit qu'avait l'époux offensé d'obtenir la séparation de corps.

Celui des deux époux qui veut former une demande en séparation de corps adresse préalablement une requête au président du tribunal, qui, par ordonnance, l'appelle à comparaître devant lui ainsi que son conjoint. Il leur fait les représentations qu'il croit propres à opérer un rapprochement et s'il n'y parvient pas, il les renvoie, par une seconde ordonnance, à se pourvoir directement devant le tribunal de première instance.

En principe, la garde et l'administration provisoire des enfants restent au mari. Toutefois, il peut en être ordonné autrement par le tribunal, sur la demande de la mère, de la famille ou du ministère public, pour le plus grand avantage des enfants.

La femme peut obtenir du président du tribunal l'autorisation de quitter provisoirement la maison commune et de se retirer dans une autre maison, dont elle convient avec son mari ou que le président désigne d'office.

Lorsqu'il accorde à la femme la faculté de quitter provisoirement la maison commune, le président l'autorise en même temps à se faire remettre les linges et hardes dont elle a besoin pour son usage journalier.

Enfin elle peut, quand elle n'a point de ressources personnelles, demander provisoirement une pension alimentaire et les fonds qui lui sont nécessaires pour soutenir le procès.

La femme a le droit de requérir de son chef l'apposition des scellés sur les effets de la communauté. Le tribunal peut même l'autoriser à déposer à la caisse des dépôts et consignations le numéraire de la communauté.

Par la séparation de corps, les époux sont dégagés de l'obligation de vivre en commun; quant aux enfants, la loi les confie aux soins de l'autre époux ou d'une tierce personne.

Mais la séparation de corps laisse subsister ;

1º Le devoir de fidélité ;

2º Le devoir de se fournir réciproquement des secours pécuniaires;

3º Le devoir d'assistance ;

4º L'incapacité de la femme pour tous les actes autres que ceux d'administration;

5º Le droit de successibilité réciproque;

6º Le droit de jouissance légale qu'ont les père et mère sur les biens de leurs enfants.

VIII

DU CONTRAT DE MARIAGE ET DES DROITS RESPECTIFS DES ÉPOUX

§ Ier

NOTIONS SUR LE CONTRAT DE MARIAGE

Le *mariage* et le *contrat de mariage* sont deux contrats distincts.

Le *mariage* est le contrat qui se fait devant l'officier de l'état civil entre deux personnes de sexe différent, qui acceptent les droits et les devoirs que la loi établit entre mari et femme.

Le *contrat de mariage* est la convention reçue par un notaire dans la forme ordinaire des actes notariés, et par laquelle les futurs époux réglementent leurs intérêts pécuniaires.

Le contrat de mariage se fait quelquefois entre les futurs seulement, le plus souvent entre les futurs et les tiers. Il doit être fait *avant le mariage*, mais il peut l'être le jour même pourvu que ce soit avant la célébration.

Dès que le mariage est célébré, le contrat de mariage devient irrévocable comme le mariage lui-même.

Le contrat de mariage doit toujours être fait par-devant notaire, sous peine de nullité radicale.

§ II

DES DIFFÉRENTS RÉGIMES SOUS LESQUELS ON PEUT SE MARIER — CONVENTIONS PERMISES — CONVENTIONS PROHIBÉES

Le Code a formulé plusieurs séries de principes que les époux peuvent, à leur choix, accepter comme règlement de leurs intérêts pécuniaires.

Chaque série de règles prend le nom de *régime*. On en compte quatre : 1° le régime de communauté, 2° le régime sans communauté; 3° le régime de séparation de biens ; 4° le régime dotal.

Le régime de communauté forme le droit commun de la France ; en conséquence, lorsque les parties ne déclarent pas expressément sous quel régime elles se marient, la loi présume qu'elles acceptent le régime de communauté.

Les époux peuvent n'accepter aucun des quatre régimes du Code ; la loi leur permet de les modifier et de les combiner entre eux pour en créer un régime à part. Les époux, porte l'art. 1387, règlent leurs conventions *comme ils le jugent à propos*. Il est vrai que les clauses contraires aux lois et aux bonnes mœurs sont défendues et qu'il n'est point permis de déroger aux dispositions prohibitives de notre Code, mais les parties peuvent prendre à la fois dans chacun des régimes offerts à leur choix.

La liberté dont jouissent les futurs époux pour le réglement de leurs intérêts pécuniaires n'est pas absolue.

La loi prohibe toute convention contraire : ·

1° Aux bonnes mœurs ou à l'ordre public ;

2° Aux droits de la puissance maritale (art. 214, 215, 217);

3° Aux droits de la puissance paternelle (art. 148, 373, 384, 477);

4° Aux droits qui appartiennent au mari comme chef (art. 1421);

5° Aux droits conférés par la loi à l'époux survivant, c'est-à-dire au droit de gérer la tutelle des enfants, etc. (art. 390, 397, 381);

6° Aux dispositions prohibitives du Code (art. 1395; 1399, 1443, 1453) ;

7° A l'ordre légal des successions (art. 1389.)

§ III

DE LA CAPACITÉ NÉCESSAIRE POUR FAIRE LES CONVENTIONS MATRIMONIALES

Le mineur, âgé de dix·huit ans accomplis si c'est un fils, de quinze ans si c'est une fille, peut, avec l'assistance, non pas de son tuteur ou de son curateur, mais des personnes dont le consentement est requis pour la validité de son mariage [1], faire les mêmes conventions que pourrait faire un majeur de vingt et un ans.

[1] Ces personnes sont : 1° les donateurs, ascendants ou étrangers ; 2° les ascendants, donateurs ou non, quand l'enfant est mineur de vingt et un ans. Le mineur qui n'a pas d'ascendants doit être assisté de son conseil de famille.

IX

DES DIFFÉRENTS RÉGIMES

Nons avons déjà parlé des quatre régimes sous lesquels on peut se marier ; nous allons simplement donner quelques mots d'explication à ce sujet, car une étude approfondie de la question nous entraînerait excessivement loin et nous forcerait d'employer des termes techniques qui nécessiteraient de la part de nos lecteurs, non-seulement une attention soutenue, mais une étude préparatoire relativement très-longue. Ceux d'entre eux qui désireraient approfondir cette matière pourront lire avec fruit les savants ouvrages de MM. Dalloz, Mourlon, etc.

1° La communauté est *une société de biens entre époux, régie par des règles particulières.* — Nous avons eu ailleurs occasion de dire que c'est le plus moral des régimes. (Voir Ire partie.)

La communauté est légale ou conventionnelle

La première est celle dont tous les effets sont réglés par la loi.

La seconde est la communauté légale, modifiée par la convention des parties. La communauté légale a lieu :

1° lorsque les parties déclarent simplement dans leur contrat qu'elles acceptent le régime de communauté; 2° lorsqu'elles n'ont pas fait de contrat.

La communauté conventionnelle a lieu lorsqu'elle est expressément spécifiée dans le contrat : c'est, comme nous venons de le dire *la communauté légale* modifiée, et elle peut l'être par les parties, comme elles l'entendent, pourvu que les modifications qu'elles y apportent n'aient rien de contraire aux lois et aux bonnes mœurs.

2° Sous le régime *sans communauté*, le mari est chargé de pourvoir aux besoins du ménage, à l'entretien de sa femme et de ses enfants, et à l'éducation de ces derniers: mais, afin de l'aider à supporter ces charges, la femme lui donne mandat de percevoir tous ses revenus, et d'administrer ses biens afin de les rendre plus productifs.

3° Dans le régime *de la séparation de biens*, les biens de la femme lui sont personnels : elle garde l'administration de tous ses meubles et immeubles, et la libre jouissance de ses revenus. Les charges du mariage sont supportées par les deux époux dans la proportion indiquée au contrat, et, à défaut de ce règlement, pour un tiers par la femme, pour les deux tiers par le mari.

4° Sous le *régime dotal*, tous les biens de la femme lui sont également personnels, mais, de plus, ceux qu'elle a constitués en dot sont inaliénables. Le mari a l'administration seulement de ces derniers, et la femme a l'administration et la jouissance de tous ses autres biens.

Ici, pour les raisons que nous avons indiquées au commencement de ce chapitre, se borne la tâche que nous avons entreprise.

APPENDICE

GUIDE A L'USAGE DES PARRAINS ET DES MARRAINES

I

Selon les temps, on a donné aux enfants, lors de leur baptême, des noms[1] qui rappelaient des époques mémorables ou des personnages célèbres dans l'histoire; tantôt, en souvenir de la chevalerie, les enfants ont été appelés *Gontran, Adalbert, Clodomir;* tantôt, en souvenir de la république romaine, *Marcus, Brutus;* tantôt encore, en souvenir des grands hommes de l'histoire sacrée ou de l'histoire profane, *David, Élie, Daniel, Nestor, Ulysse, Alexandre, César,* etc. En 92, les citoyens choisissaient des noms qui étaient un emblème, tels que *Prudent, Fidèle, Constant;* ou les noms de ceux qu'ils considéraient comme de purs patriotes ; c'est ainsi que nous avons appris les prénoms d'un bourgeois né en 1793; son parrain l'avait nommé *Incorruptible Marat.* Quelques personnes de nos jours donnent des prénoms étrangers, tels que Mary, Nelly, Édith, Anita, Juanita, Alvarez, etc. ; mais, en général, on donne à l'enfant qu'on va baptiser les prénoms de son parrain ou de sa

Le nom donné à l'enfant, lors de son baptême, s'appelle *nom de baptême* ou *prénom,* ce qui veut dire *non placé avant* (le nom de famille).

marraine, de son père ou de sa mère, de son grand-père ou de sa grand'mère.

II

On choisit généralement les parrains et marraines parmi les parents les plus proches des nouveau-nés ; quelquefois cependant ce sont des personnes étrangères à la famille, que leur position de fortune, leurs relations, leur crédit, etc., mettent à même de pouvoir dans la suite rendre service aux enfants qui sont leurs fil-leuls.

Quand un jeune homme est désigné pour être parrain, si la famille n'a pas fait choix d'une marraine, il doit prendre sa future pour tenir avec lui l'enfant sur les fonts du baptême.

Si l'enfant est un garçon, on lui donne un bonnet, une robe, et une pelisse, attachés avec des faveurs bleues ; un petit nœud de ruban bleu est ordinairement fixé au bonnet.

Si l'enfant est une fille, le bonnet, la robe, la pelisse sont entièrement blancs ; le petit nœud de ruban fixé au bonnet est également blanc.

Dans le premier cas, le parrain se charge de fournir les différents effets dont il vient d'être parlé ; dans le se-cond cas, ce soin regarde la marraine.

Le jour du baptême, qui est naturellement un jour de fête pour toute la famille, est par conséquent le jour des cadeaux.

Le cadeau pour la jeune mère consiste la plupart du temps en vin et en sucre.

Le cadeau que le parrain donne à la marraine consiste communément en une boîte de gants et en fleurs, en fleurs d'oranger si la marraine est une jeune fille. Il ne faut pas oublier non plus les bonbons et les dragées, que l'on doit distribuer généreusement à tout le monde.

Pour la sage-femme, on lui offre une boîte de bonbons dans laquelle on met un cadeau plus ou moins riche selon la fortune du parrain. Si c'est un médecin qui a fait l'accouchement, on agit de même ; les uns lui remettent vingt francs, d'autres quarante, d'autres soixante, etc.

Il faut aussi aisser une offrande pour l'église, une offrande pour les pauvres, et donner au suisse ou au bedeau un pourboire aussi généreux que possible.

Quant à la cérémonie du baptême, cérémonie qui inquiète d'ordinaire tout parrain, elle est excessivement simple. Le parrain et la marraine, accompagnés du père de l'enfant, de la sage-femme ou de la nourrice, se rendent en voiture à l'église, et là ils ont simplement à répondre aux questions que leur adresse le prêtre chargé d'accomplir la cérémonie. L'acte de baptême est ensuite rédigé devant eux, ils le signent, puis donnent aussitôt après les offrandes dont il a été fait mention ci-dessus, et enfin se rendent auprès de la mère pour lui remettre son enfant.

PARIS. — IMP. ·IMON RAÇON ET COMP., RUE D'ERFURTH, 1.

TABLE DES MATIÈRES

LIBRAIRIE DE JULES TARIDE

BIBLIOTHÈQUE DES SALONS

NOUVEAU GUIDE POUR SE MARIER, par L. C., suivi d'un Manuel des parrains et marraines . . . . 1 fr.

HYGIÈNE CONJUGALE, guide des gens mariés, par le Dr E. Clément. 1 vol. 1 fr.

L'ÉCOLE DE L'ESCRIME, par J.-A. Blot, ancien maître d'armes au régiment, suivi du *Code du duel*. 1 vol. . . . . 1 fr.

NOUVEAU GUIDE COMPLET DE LA DANSE, par M. Philippe Gawlikowski, professeur de danse à Paris. 1 vol. in-18 avec grav. 1 fr.

LES JEUX INNOCENTS DE SOCIÉTÉ, par Poisle-Desgranges. 1 vol. in-8 orné de figures. . . . . 1 fr.

MANUEL DU CAVALIER, ou l'équitation sans maître. 1 vol. in-18 avec grav. 1 fr.

L'ART DE NAGER en mer et en rivières, appris sans maître, par Duflo. 1 vol. . . . . 50 c.

DE L'USAGE ET DE LA POLITESSE DANS LE MONDE, par Mme la baronne de Fresne. 1 vol. in-18. . . 50 c.

HYGIÈNE DES FUMEURS, par Lemercier de Neuville et Victor Cochinat. 1 vol. . . . . 50 c.

LE CANOTAGE EN FRANCE, par les membres de la *Société des Régates parisiennes*. 1 beau volume in-18. . . . . 1 fr.

LE JARDINIER DES SALONS, ou l'art de cultiver les fleurs dans les appartements, sur les croisées et sur les balcons, par Ysabeau. 1 vol. in-18, orné de jolies grav. . . . . 1 fr.

NOUVEAU LANGAGE DES FLEURS, des dames et des demoiselles, par Mme la baronne de Fresne. 1 vol. in-18, orné de 48 gravures coloriées. . . . . 1 fr.

LE MÉRITE DES FEMMES, poème par Gabriel Legouvé. Nouvelle édition, par J. Andrieu. 1 joli vol. . . . . . . 50 c.

L'ORACLE DES DAMES ET DES DEMOISELLES, par Ezechias. 2e édition. 1 vol. in-18. . . . . 50 c.

LA CHIROMANCIE, études sur la main, le crâne, la face, par Jules Andrieu. 1 vol. . . . . 1 fr.

GRAMMAIRE DE L'AMOUR, à l'usage des gens du monde, par A. Vémar. 1 vol. in-18. . . . . 50 c.

NOUVEAU DICTIONNAIRE DE L'AMOUR, à l'usage des gens du monde, par A. Vémar. 1 vol. in-18. . . . . . . 1 fr.

NOUVEAU CODE DE L'AMOUR, à l'usage des gens du monde, par A. Vémar. 1 vol. in-18. . . . . 50 c.

LE MÉDECIN DES MÉNAGES, par le Dr Al. Vannier, de la Faculté de Paris. 1 vol. in-18. . . . . 1 fr.

MANUEL COMPLET DES JEUX DE CARTES, par Adhémar de Longueville. 1 vol. . . . . 1 fr.

L'ART DE DIRE LA BONNE AVENTURE et de faire les réussites avec les cartes . . . . 1 fr.

PARIS. — IMP. SIMON RAÇON ET Cie, RUE D'ERFURTH, 1.